Spontan (2)

Arbeitsheft / Cahier d'activités

- Birgit Carle
  Professeur agrégé
  Collège-Lycée franco-allemand
  Buc

- Nathalie Faure-Paschal
  Professeur agrégé
  Collège Paul Eluard
  Guyancourt

- Marianne Hoock-Douilly
  Professeur agrégé
  Collège-Lycée franco-allemand
  Buc

- sous la direction pédagogique de
  Wolf Halberstadt
  IA-IPR
  Académie de Versailles

didier

Références photographiques

27	bd	©	Franz Pfluegl/Fotolia.com
27	hd	©	Ullstein Bild/Roger Viollet
33		©	Mauritius/Photononstop
34	bd	©	Anke Feuchter
34	bd	©	Anna Bartosch-Carlile/Alamy Images
34	hd	©	Illstein Bild/Roger Viollet
34	md	©	Offsite Graz
37		©	David Bart
50	bd	©	Philippe Lissac/Godong
50	bg	©	Pavel Losevsky/Fotolia.com
50	bm	©	Anke Feuchter
55	bg	©	Tom Stewart/Surf/Corbis
55	hd - hg	©	Mauritius/Photononstop
55	hm	©	Liquorice/Riser/GettyImages
61	1, 2, 4	©	Mauritius/Photononstop
61	3	©	Monkey Business/Fotolia.com
61	5	©	Ullstein Bild - Imagebroker.net
64	hd	©	Mark Bond/Fotolia.com
64	hg	©	Anke Feuchter
64	hm	©	Valery Seleznev/Fotolia.dom
71		©	Anke Feuchter
78		©	David Bart
80		©	Wolfang Goethe en 1828, peinture de Julie Von Egloffstein (1792 - 1869), Francfort Goethemuseum. MP/Leemage
80-82	hg	©	Kunsthaus Graz
81	hd	©	Nicolas Lackner/Bild- und Tonarchiv
89		©	Andrea Krawinkel
91-92		©	Louis Palmer
97	1	©	LiquidImage/Fotolia.com
97	2	©	Stefan Müller/Fotolia.com
97	3	©	ST-images/Alamy Images
97	4	©	Lionel Valenti/Fotolia.com
97	5	©	Charly/Fotolia.com
97	6	©	Kirsty Pargeter/Fotolia.com
97	7	©	nexusseven/Fotolia.com
98	bg	©	Sylvain Bouquet/Fotolia.com
98	hg - mg	©	Aurélia Galicher
114	2	©	www.tixeo.com
114	3	©	Kay Nietfeld/picture-alliance/DPA-Bildarchiv
114	4	©	Claudius/Zefa/Corbis
114	5	©	Car Culture/Corbis
114	6	©	Sven Simon/Picture Alliance
119		©	Fumio Katto (www.fumiokatto.com)

Conception et direction artistique de la couverture: Christian Dubuis Santini © Agence Mercure
Principes typographiques des pages intérieures (hors réalisation, dessins, photos et iconographie) : Christian Dubuis Santini © Agence Mercure
Mise en page : Susanne Glenz – **Photogravure** : Eurésys
Reportage photos : Frank Rumpenhorst : 5, 17, 34, 48, 55, 56, 57, 66, 76, 99, 107, 114, 115
Illustrations : Sylvia Bataille : 6, 7, 8, 15, 27, 49, 73, 76, 108, 109 - David Bart : 8, 20, 21, 38, 39, 86, 87 - Theresa Bronn Barnoin (picto) : 13, 22, 33, 44, 53, 62, 73, 83, 94, 104, 112, 121 - Willy Cabourdin : 42, 43 - Bruno Conquet : 25 - Solène Olivier : 98, 102 - Volker Theinhardt : 15, 24, 54, 63, 75, 85, 96, 123 - mariOn Vandenbroucke : 9, 10, 11, 19, 20, 28, 29, 31, 40, 51, 50, 51, 60, 69, 70, 80, 81, 90, 91, 101, 102, 110, 117, 118

Autoren und Verlag bedanken sich sehr herzlich bei allen, die uns bei der Realisierung von Spontan 2 geholfen haben, insbesondere bei: Herrn OstD Manfred Eichenauer für die Genehmigung, in der Ziehenschule Frankfurt zu drehen und den herzlichen Empfang unseres Teams, Frau Andrea Krawinkel für Organisation, Engagement und Unterstützung.

Wir danken Christina, Svende, Elina, Paul, Julian und Nils dafür, sich filmen und aufnehmen zu lassen und auf alle unsere Fragen zu antworten.
Wir bedanken uns auch bei Frau Magister Edith Schwaighofer und ihren Schülerinnen aus Graz für die Beiträge zu unserem Buch.

Und natürlich ein Dankeschön an alle, die uns geholfen, informiert und Material zur Verfügung gestellt haben!

ISBN 978-2-278-06356-7

Imprimé en Italie

Mein Arbeitsheft

Name: ....

Vorname: ....

Wohnort: ....

Klasse: ....

Inhaltsverzeichnis | Sommaire

Einheit ① Etappe 1

In der Schule

2 ***1 → Buch, S. 9, 1** Rückkehr in den Alltag,* Schritt 2 *Hör die Interviews. Was sagen die Frankfurter über den Schulanfang? Markiere die Aussagen mit + oder - .*

	Svende 	Paul 
früh aufstehen		
mit dem Bus fahren		
neue Lehrer haben		
ein neues Fach haben		
Freunde treffen		

Zu Hause

2 Schreibtraining

Écris une lettre à un(e) ami(e) au sujet de la rentrée. Explique-lui ce qui te plaît et ce que tu aimes moins.

\+
neue Lehrer / Fächer haben
Freunde treffen
…

\-
früh aufstehen
Hausaufgaben machen
…

Das finde ich schön / nicht so gut. Das ist toll.
…

→ *

** Ce picto t'invite à utiliser ton cahier personnel pour ta rédaction.*

3 *Écris une légende sous chaque illustration.*

....

....

4 *Chasse l'intrus.*

a. Fahrrad – Computer – Lampe – Schreibtisch – Stuhl
b. Heft – Buch – Radio – Arbeitsheft – Karteikarten
c. lernen – schreiben – aufpassen – zuhören – fernsehen
d. regelmäßig – konzentriert – gut – sympathisch – ordentlich
e. Stundenplan – Unterricht – Ferien – Fach – Noten

5 *Complète chaque fois avec un pronom personnel qui peut convenir.*

a. .... steht auf. – **b.** .... hast neue Lehrer. – **c.** .... lernt Deutsch. – **d.** .... sehen Freunde wieder. – **e.** .... arbeitet. – **f.** .... fährt mit dem Bus. – **g.** .... schreibst eine Arbeit. – **h.** .... mache Hausaufgaben.

In der Schule

6 → Buch, S. 10, 2 *Schulanfang.de,* Schritt 1 *Lies die Antworten. Mit welchen Fotos kannst du sie illustrieren?*

Antwort	A	B	C	D	E
Foto	....	....	....	....	....

Zu Hause

***7** Complète avec le verbe* mögen *au subjonctif II.*

a. „Ich …………………… dieses Jahr bessere Noten haben. – **b.** Und du, was …………………… du?" – **c.** „Wir …………………… einen guten Stundenplan haben. – **d.** …………………… ihr auch einen besseren Stundenplan haben?" – **e.** „Er …………………… dieses Jahr mehr Sport treiben. – **f.** Aber seine Eltern …………………… , dass er mehr arbeitet."

***8** Complète les phrases en mettant l'adjectif entre parenthèses au comparatif.*

a. Du musst …………………… aufpassen. *(gut)* – **b.** Ich möchte mich …………………… melden. *(oft)* – **c.** Er möchte seine Hefte …………………… führen. *(ordentlich)* – **d.** Er muss …………………… fernsehen. *(wenig)*

***9** Écoute l'enregistrement et associe chaque conseil donné à l'image qui convient.*

4

A

……………………

B

……………………

C

……………………

D

……………………

E

……………………

Schreiben

***10** Schreibtraining*

Choisis les points que tu voudrais améliorer et note-les dans ton cahier.

zuhören – mich melden – mitmachen – aufpassen – fernsehen – lernen – meine Hausaufgaben regelmäßig machen

In der Schule

11 → ***Buch, S. 11, 3*** *Tipps für ein „gutes" Schuljahr. Lies die Tipps und Texte. Welcher Tipp passt zu welchem Text?*

Text	a	b	c	d	e	f	g
Tipp							

Zu Hause

12 *En t'inspirant des « Tipps », p. 11 du manuel, écris ce que font les personnages.*

1

2

3

4

5

6

13 *Associe chaque situation avec le(s) conseil(s) qui convien(nen)t.*

- fit sein
- eine Info suchen
- gute Noten schreiben
- konzentriert sein
- ordentlich sein

- seinen Schreibtisch aufräumen
- im Internet surfen
- gut seinen Sitzplatz wählen
- in ein Buch schauen
- früh aufstehen
- sich klare Notizen machen
- nicht zu lange fernsehen
- regelmäßig arbeiten
- Platz für Bücher und Hefte machen
- gut zuhören

14 *Schreibtraining*

Voici des extraits de blog. Réponds aux questions en donnant un conseil.

a. „Ich habe Probleme in Mathe. Ich verstehe die Aufgaben nicht. Was soll ich tun?“ Lea

b. „Die Lehrer sagen, dass meine Hefte eine Katastrophe sind. Aber wie kann ich das ändern? Ich schreibe so schlecht.“ Max

c. „Ich habe immer schlechte Noten bei den Vokabeltests. Kann mir jemand einen Tipp geben, wie man die Vokabeln besser lernen kann?“ Siggi

In der Schule

***15** → **Buch S. 13, 4** Erste Eindrücke …,* Schritt 1 *Lies den Text und sammle Informationen über Alex.*

a. *Mache dir Notizen zu folgenden Punkten (Z. 1–8):*

Klasse: ………… Klassenkameraden: …………

b. *Notiere alle Namen, die du im Text findest. Wer gehört zu Alex' Familie? (Z. 9–23)*

Alex' Familie

***16** → **Buch, S. 13, 4** Erste Eindrücke,* Schritt 2 *Sieh dir die Bilder an und suche Indizien im Text. Wer wohnt wo? Notiere alle Städtenamen im Text. Ordne dann jeder Person das Bild seiner Stadt zu.*

Städte: ……………………………………………………………………………………

	im Text	Indizien	Bild
Lisa	(Zeile 9–11)		
Alex Alex' Vater Alex' Mutter	(Zeile 17–23)		

***17** → **Buch, S. 13, 4** Erste Eindrücke,* Schritt 3 *Was machen Alex' Eltern? Sieh dir die Visitenkarten an und sammle Informationen.*

Christina Campe-Berger:

Beruf: ……………………………………………

Wohnort: ……………………………………………

Thomas Berger:

Beruf: ……………………………………………

Wohnort: ……………………………………………

***18** → **Buch, S. 13, 4** Erste Eindrücke,* Schritt 4 *Lies noch einmal den Text: Wie fühlt sich Alex? Was sind ihre Vorsätze für dieses Jahr? Notiere Alex' Gefühle und Vorsätze.*

☹	☺

Zu Hause

***19** Relie les deux propositions par* weil.

a. Alex ist nach Frankfurt umgezogen. Ihre Mutter arbeitet hier.

....

b. Alex' Vater lebt jetzt in Wien. Er arbeitet dort.

....

c. Alex ist glücklich. Ihre Freundin Charly ist in der Parallelklasse.

....

d. Sie macht den Computer an. Sie will eine Mail schreiben.

....

e. Sie schreibt ihrer Kusine Lisa. Sie will ihr alles erzählen.

....

***20** Résume ce que tu as appris sur Alex et sa famille (nom, âge, métier, ville...).*  →

In der Schule

***21** → **Buch, S. 14, 5** Schulzeit heißt auch Freizeit,* Schritt 1 *Jede Gruppe liest eine der Annoncen und macht sich Notizen.*

Annonce Nr.:	Altersgruppe:
Aktivitäten:	Tag(e):

***22** → **Buch, S. 14, 5** Schulzeit heißt auch Freizeit,* Schritt 2 *Jede Gruppe stellt ihr Angebot vor. Die anderen machen sich Notizen.*

Annonce	Aktivitäten	Altersgruppe	Kommentar ja/nein?

Annonce	Aktivitäten	Altersgruppe	Kommentar ja/nein?

5

***23** → **Buch, S. 14, 5** Schulzeit heißt auch Freizeit,* Schritt 3 *Drei Schüler haben an diesen Kursen teilgenommen. Hör zu. Was sagen sie?*

	Was	Wann? / Wo?	Wie ist es?	Was will er / sie noch machen?
Kommentar 1				
Kommentar 2				
Kommentar 3				

Zu Hause

***24** Complète avec le comparatif de l'adjectif indiqué entre parenthèses.*

a. Ich mag Sport. Aber ich finde Musik .... *(interessant)*

b. Ich mag schwimmen. Mein Bruder mag .... Fußball. *(gern)*

c. Ich spiele zwei Mal in der Woche Gitarre. Aber für das Schulkonzert muss ich .... proben. *(oft)*

d. Ich möchte nächstes Jahr .... Zeit für meine Aktivitäten haben. *(viel)*

e. Ich spiele gut Handball. Aber mein bester Freund, Andreas, spielt viel .... *(gut)*

SPRACHE... MIT SYSTEM

GRAMMATIK

Zu Hause

1 *Complète ces bonnes résolutions avec le comparatif des adjectifs indiqués :*

gut – viel – gerne – oft – regelmäßig – ordentlich

a. Katja möchte im Unterricht .... mitmachen.

b. Sebastian will dieses Jahr in Mathematik .... aufpassen.

c. Annika will .... Handball spielen.

d. Marlies möchte dieses Jahr .... nach Frankreich fahren.

e. Connie möchte ihre Hefte .... führen.

f. Lola will sich im Unterricht .... melden.

2 *Réécris les phrases en les reliant avec la conjonction* weil.

a. Hanna geht jeden Donnerstag in die Musikschule. Sie singt im Chor.

....

b. Die Kinder wollen am Mittwochabend in den Breakdance-Kurs gehen. Sie lieben Hip-Hop-Musik.

....

c. Carlos hat den E-Gitarre-Kurs gewählt. Er will mit seinem Freund Mathias in einer Band spielen.

....

d. Lena trainiert oft. Sie spielt in der Mädchenfußballmannschaft.

....

3 *Réponds à ces questions directement par* weil.

a. Warum musst du früh aufstehen? ....

b. Warum magst du deinen besten Freund/deine beste Freundin?

....

***4** Compare ces éléments entre eux en utilisant le comparatif de :* gut, groß, klein, alt, ordentlich.

a. Hannes hat eine 5 in Mathe. Leonie hat eine 2 in Mathe. Leonie ist

.... in Mathe.

b. Annette ist 12 Jahre alt. Katharina ist 13 Jahre alt. Katharina ist ....

c. Jonas' Schreibtisch ist sehr unordentlich. Mein Zimmer ist immer ordentlich. Mein

Schreibtisch ist ....

d. Hannes ist 1.70 groß. Leonie ist 1.56 groß. Leonie ist .... Hannes

ist ....

WORTSCHATZ

Zu Hause

6

***5** Écoute puis repère si la voyelle est longue ou brève. (Souligne les voyelles longues et mets un point sous les voyelles brèves.)*

Bahn – kann – zehn – Fenster – nimmt – ihm – Sohn – Sonne – Mutter – Schule

***6** Où fais-tu les activités suivantes ? Classe les mots ou expressions dans les trois colonnes.*

lernen – den Schreibtisch aufräumen – mitmachen – früh aufstehen – gut zuhören – teilnehmen – meine Lieblingsmusik hören – eine Klassenarbeit schreiben – aufpassen – mich konzentrieren – telefonieren – den Lehrer fragen – Hausaufgaben machen – Vokabelarbeit schreiben – mich melden

in der Schule	in der Schule und zu Hause	zu Hause
....	....	....
....	....	....
....		....
....		....
....		....
....		
....		
....		
....		

7 *Écris une légende sous chaque dessin.*

....

....

AUSSPRACHE MIT POESIE – *Le e long* [eː] *et le e bref* [ɛ]

Zu Hause

7 **8** *Écoute le poème.*

8 **a.** *Écoute les mots et coche si la voyelle e de la première syllabe est longue* [eː] *ou brève* [ɛ].

	1	2	3	4	5	6	7
[eː]	❑	❑	❑	❑	❑	❑	❑
[ɛ]	❑	❑	❑	❑	❑	❑	❑

7 **b.** *Réécoute l'enregistrement et écris les mots. Tu peux vérifier en relisant le poème, p. 16 du manuel.*

....

....

c. *Maintenant, apprends le poème par cœur en t'aidant de l'enregistrement.*

Einheit ① Etappe 2

In der Schule

9 ***1 → Buch, S. 19, 1*** *Kennen Sie Frankfurt?* Schritt 2 *Was sagen die Jugendlichen ganz spontan zu Frankfurt?*

a. *Notiere zu jedem Interview Schlüsselwörter*.*

Interview 1: ....

....

Interview 3: ....

....

Interview 2: ....

....

Interview 4: ....

....

* Schlüsselwörter: *des mots clés*

b. *Welches Foto passt zu welchem Interview?*

Interview	1	2	3	4
Foto				

Zu Hause

10 ***2*** *Écoute les mots et marque si la voyelle est longue (—) ou brève (•).*

Stadt – Hafen – Berg – Plan – Flug – Rat – Römer

3 *Décompose les mots suivants et indique leur genre.*

das Goethehaus – der Römerberg – der Stadtplan – das Rathaus – der Flughafen

....

In der Schule

11 ***4 → Buch, S. 20, 2*** *Leben in der Stadt, a. Hör die Interviews. Was gefällt den Frankfurter Jugendlichen an ihrer Stadt?*

Die Stadt ist ....

Die Leute sind ....

In Frankfurt kann man ....

***5 → Buch, S. 20, 2** Leben in der Stadt, b.* Schritt 1 *Jede Gruppe liest einen Text und macht sich Notizen.* Schritt 2 *Stellt euren Text der Klasse vor und macht euch Notizen zu den anderen Texten.*

A Shoppen auf der Zeil

Was ist die Zeil? Wo?

Was gibt es da für Geschäfte?

B Eine Stadt mit Kontrasten

Welche Stadtviertel gibt es?

Was gibt es da?

Was machen die Frankfurter dort?

C Multi-Kulti? Ja klar!

Die Frankfurter sind: ....

Frankfurt ist eine multikulturelle Stadt. Es gibt: ....

D Dinos, Filme und mehr

Museen in Frankfurt:

Was kann man da sehen?

Zu Hause

***6** Barre l'intrus.*

a. Wolkenkratzer – Haus – Gebäude – Shoppingfan – Villa
b. Innenstadt – Restaurant – Fußgängerzone – Stadtviertel – Einkaufsstraße
c. Mainufer – Filmmuseum – Städel – Senckenbergmuseum – Goethehaus
d. gemütlich – konzentriert – ruhig – interessant – klein
e. Geschäft – Modeboutique – Café – Kaufhaus – Einkaufszentrum

***7** Entoure les adjectifs épithètes et souligne les adjectifs attributs.*

a. Frankfurt ist eine multikulturelle Stadt – **b.** Dieses Haus ist sehr groß. – **c.** Das ist ein bekanntes Gebäude. – **d.** Im Stadtzentrum stehen moderne Wolkenkratzer. – **e.** Die Zeil ist eine bekannte Einkaufsstraße. – **f.** Das Rathaus ist sehr alt.

***8** Ajoute la terminaison qui convient. (Les groupes nominaux ci-dessous sont au nominatif.)*

a. die typisch.......... Spezialitäten – **b.** das alt.......... Gebäude – **c.** die modern.......... Stadt – **d.** das ruhig.......... Viertel – **e.** der hoh.......... Turm – **f.** die interessant.......... Museen – **g.** die bekannt.......... Straße – **h.** das gemütlich.......... Café – **i.** die groß.......... Villa

***9** Repère si les adjectifs sont épithètes ou attributs et ajoute la terminaison quand c'est nécessaire.*

a. Das deutsch.......... Filmmuseum ist am Sonntag geschlossen. – **b.** Frankfurt ist multikulturell.......... . – **c.** Das ist der höchst.......... Wolkenkratzer der Stadt. – **d.** Wie heißt die bekanntest.......... Straße von Frankfurt? – **e.** Die Dinosaurierskelette sind riesig.......... . – **f.** Das ist das historisch.......... Rathaus. – **g.** Dieses Viertel ist ruhig.......... und grün.......... . – **h.** Das Städelmuseum ist das groß.......... Kunstmuseum der Stadt.

***10** Complète avec la préposition et la terminaison qui conviennent.*

a. Wo kann man am besten joggen? .... Mainufer. – **b.** Wo kann man gut shoppen? .... d.......... Innenstadt. – **c.** Wo kann man schön wohnen? .... Stadtviertel Sachsenhausen. – **d.** Wo kann man Dinosaurierskelette sehen? .... Naturkundemuseum. – **e.** Wo steht das Frankfurter Rathaus? .... Römerberg.

In der Schule

***11** → **Buch, S. 23, 4** Durch die Stadt,* Schritt 1 *Lies den Text (Teil 1) und sammle Informationen über Alex.*

a. Welchen Sport treibt Alex? Zeile .... : ....

b. Wann hat sie Training? Zeile .... : ....

c. Wo hat sie Training? Zeile .... : ....

***12** → **Buch, S. 23, 3** Durch die Stadt,* Schritt 2 *Wo trifft Alex den Mann, Alex, Tatjana und die anderen?*

Alex trifft

den Mann
Alex Burger
Tatjana und die anderen

vor dem Römer
an der Hauptwache
in der Fischerstraße

***13** → **Buch, S. 23, 3** Durch die Stadt,* Schritt 3 *Lies den Text. Wer hat welche Gefühle?*

erstaunt sein – verliebt sein – wütend sein – genervt sein – eifersüchtig sein – dankbar sein

a. *Alex für Alex Burger (Zeile 15 bis 19)*

Textzitat(e): ....

....

Interpretation: ....

b. *Tatjana für Alex (Zeile 25)*

Textzitat(e): ....

Interpretation: ....

c. *Alex für Tatjana (Zeile 25 bis 27)*

Textzitat(e): ....

Interpretation: ....

Zu Hause

***14** Mets les signes de ponctuation qui conviennent (. – ? – , – !).*

a. Ist das der Römer .... – **b.** Zum Römer gehst du hier geradeaus weiter .... –

c. Da sind Schüler aus der Klasse: Tatjana .... Klaus und die anderen .... –

d. So eine dumme Kuh .... – **e.** Ich muss jetzt gehen ....

***15** Résume ce que tu as appris dans l'épisode 2.*
Où va Alex, quelles personnes rencontre-t-elle, où, quels sont ses sentiments envers ces personnes ?

In der Schule

12 ***16** → **Buch, S. 24, 5** Wolkenkratzerfestival – ein Fest der Superlative,* Schritt 1 *Hör dir die Ansage im Radio an. Was erfährst du über das Wolkenkratzerfestival? (Wo? Was? Für wen?)*

Wo? .... Für wen? ....

Was steht auf dem Programm? ....

....

***17** → **Buch, S. 24, 5** Wolkenkratzerfestival – ein Fest der Superlative,* Schritt 2 *Jede Gruppe informiert sich über einen Wolkenkratzer und stellt ihn der Klasse vor.*

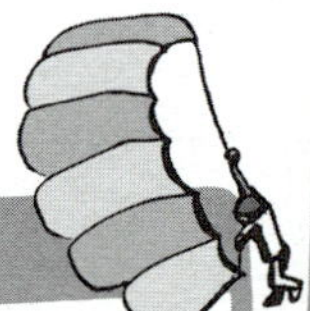

Eurotower

Seit wann? ....

Wie hoch? ....

Welche Attraktion? ....

....

....

Castor

Seit wann? .... Wie hoch? ....

Welche Attraktion? ....

....

....

Pollux

Seit wann? .... Wie hoch? ....

Welche Attraktion? ....

....

....

Messeturm

Seit wann? ....

Wie hoch? ....

Welche Attraktion? ....

....

....

Deutsche Bank

Seit wann? ....

Wie hoch? ....

Welche Attraktion? ....

....

....

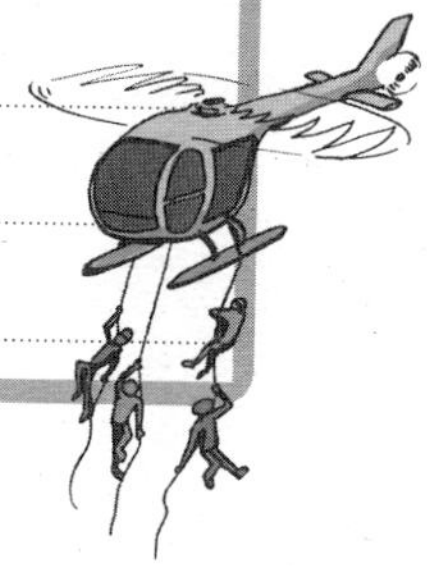

***18 → Buch, S. 24, 5** Wolkenkratzerfestival – ein Fest der Superlative,* Schritt 3 *Einige Besucher erzählen, was sie gesehen haben. Hör die Interviews und mache dir Notizen.*

Interview 1

Wo? .... Was? ....

Kommentar: ....

....

Interview 2

Wo? .... Was? ....

Kommentar: ....

....

Interview 3

Wo? .... Was? ....

Kommentar: ....

....

19 → Buch, S. 25 **Und Jetzt…** *Schreibe einen kurzen Text für einen Flyer, in dem du euer spektakuläres Program vorstellst.*

Was? der Wettbewerb – die Vorführung – das Feuerwerk …
Wann? um 15 Uhr – von 16 bis 18 Uhr – am Nachmittag – am Abend …
Wo? in der Fußgängerzone – in der Innenstadt – am Messeturm …
Für wen? alle – groß und klein – Kinder und Erwachsene – Leute ab 12 …

Zu Hause

20 *Écoute le CD et coche l'année que tu entends.*

14 **a.** ❑ 1492 – ❑ 1648 – ❑ 1789
b. ❑ 1945 – ❑ 1949 – ❑ 1961
c. ❑ 1989 – ❑ 1990 – ❑ 1999
d. ❑ 2011 – ❑ 2009 – ❑ 2010
e. ❑ 2013 – ❑ 2003 – ❑ 2030

21 *Entraîne-toi maintenant à dire les années, vérifie ensuite avec l'enregistrement du CD.*
15 1977 – 1984 – 1999 – 1991 – 2009 – 2010 – 2030

22 *Complète avec un adjectif au superlatif.*

a. Der Frankfurter Flughafen ist der *(groß)* .... Flughafen von Deutschland. – **b.** Die Zeil ist die *(bekannt)* .... Einkaufsstraße von Frankfurt. – **c.** Das Wolkenkratzerfestival ist das *(toll)* .... Festival der Stadt. – **d.** Der Eurotower ist der *(hoch)* .... Wolkenkratzer in der City. – **e.** Vom Main hat man die *(gut)* .... Aussicht auf die Stadt. – **f.** Der Eschenheimer Turm ist der *(alt)* .... Turm in Frankfurt.

SPRACHE… MIT SYSTEM

GRAMMATIK

Zu Hause

1 *Complète avec la préposition* in, an, auf *ou* zwischen *en choisissant la terminaison qui convient.*

a. Das Wolkenkratzerfestival findet .... d.......... Innenstadt statt. – **b.** Das Orchester spielt .... d.......... Opernplatz. – **c.** Die Motorradartistik kann man .... d.......... Mainzer Straße sehen. – **d.** Der Skyrun ist .... Messeturm. – **e.** Der Start vom Base Jumping ist .... Eurotower. – **f.** Das Feuerwerk startet .... d.......... Dach des Pollux. – **g.** Die Hubschrauber fliegen .... d.......... Hochhäusern.

2 *Repère si les adjectifs prennent une terminaison et ajoute-la.*

a. Das groß.............. Wolkenkratzerfestival findet in Frankfurt statt. – **b.** Der höchst.............. Wolkenkratzer ist der Messeturm, er ist 256,5 Meter hoch.............. . – **c.** Das riesig.............. Feuerwerk am Abend ist die Attraktion, aber auch die ander.............. Wettbewerbe und Vorführungen sind interessant.............. . – **d.** Beim Skyrun gewinnt das schnellst.............. Team. – **e.** Die Preise für die Gewinner sind toll.............. !

3 *Complète le texte d'un fan de Francfort en mettant les adjectifs ci-dessous au superlatif. Attention ! Les adjectifs ne sont pas dans l'ordre.*

interessant – bekannt – nett – groß – modern – gut – gemütlich

„Frankfurt ist die .... Stadt in Hessen. Sie ist auch die .... Stadt Deutschlands. In Frankfurt finden Sie die .... Skyline Europas. Die .... Museen liegen am Mainufer. In der Innenstadt sind die .... Geschäfte und die .... Cafés. Und die Frankfurter sind die .... Leute!"

WORTSCHATZ

Zu Hause

4 *Classe chacun des mots suivants dans la colonne correspondant à son sens.*

Stadtzentrum – kosmopolitisch – Stadtviertel – Geschäft – Stadtteil – Wohnviertel – Shoppingfan – Nationalität – Einkaufsstraße – Kaufhaus – Innenstadt – Modeboutique – Einkaufszentrum

Stadt	Shopping	Multikulti
....	....	....
....	....	....
....	....	
....	....	

Stadt	Shopping	Multikulti

AUSSPRACHE MIT POESIE – [h] *en début de mot ou de syllabe*

Zu Hause

16

5 *Écoute le poème.*

17

a. *Écoute et coche si tu entends le son* [h] *en début de mot.*

	1	2	3	4	5	6	7	8	9	10
[h]	❑	❑	❑	❑	❑	❑	❑	❑	❑	❑

17

b. *Réécoute l'enregistrement et écris les mots. Tu peux vérifier en relisant le poème, p. 26 du manuel.*

....

....

....

c. *Maintenant, apprends le poème par cœur en t'aidant de l'enregistrement.*

Einheit ① Etappe 3

In der Schule

18

1 *→* ***Buch, S. 29, 1*** *Willkommen in Österreich! Hör die Aufnahmen und sieh dir die Karte an.*

Von welcher Stadt ist die Rede?

Aufnahme	Indizien	Stadt
a.		
b.		
c.		
d.		
e.		
f.		
g.		

Zu Hause

2 *Associe les noms français qui correspondent aux noms allemands.*

a. die Donau •
b. Wien •
c. Tirol •
d. der Bodensee •

• Vienne
• le Lac de Constance
• le Tyrol
• le Danube

3 *Regarde la carte de l'Autriche et ajoute aux noms en anglais de ses pays limitrophes les noms en allemand et en français.*

4 *Complète avec un pronom interrogatif qui convient et réponds.*

a. „.................... heißt die Hauptstadt von Österreich?" „....................................."– **b.** „.................... liegt Graz?" „....................................." – **c.** „.................... ist die Spezialität von Salzburg?" „....................................." – **d.** „.................... hat die „Zauberflöte" komponiert?" „....................................." – **e.** „.................... wurde Mozart geboren?" „....................................."

In der Schule

5 → **Buch, S. 30, 2** *Wie findet ihr Graz?,* Schritt 1 *Was sagen die Jugendlichen über ihre Stadt?*

a.

A
positive Aspekte der Stadt

B
positive Aspekte der Stadt

C
positive/negative Aspekte

b. *Infos über Graz. Ergänze den Steckbrief.*

Lage: ....

Einwohner: ....

Wahrzeichen: ....

Initiative: ....

Typisches: ....

Zu Hause

6 *Retrouve la légende qui convient à chaque dessin.*

....

....

7 *Associe la réponse qui convient pour chaque question.*

a. Wie viele Einwohner hat Graz? •
b. Welche Farbe hat die österreichische Fahne? •
c. Wie heißt die Hauptstadt von Österreich? •
d. Welche Sprache spricht man in Österreich? •
e. Was ist die Spezialität in Wien? •

• Wien
• das Schnitzel
• 240 000
• rot und weiß
• Deutsch

***8** Complète avec la forme correcte de l'adjectif interrogatif „welch-" et réponds.*

a. „.................... Fluß fließt durch Graz?" „....................." – **b.** „.................... Sprache spricht man in England?" „....................." – **c.** „.................... Farben hat die deutsche Fahne?" „....................."

***9** Écoute l'enregistrement et coche la bonne réponse.*

20 **a.** ❑ die Mur ❑ die Donau ❑ der Rhein
b. ❑ 8 Millionen ❑ 19 Millionen ❑ 35 Millionen
c. ❑ Salzburg ❑ Graz ❑ Wien
d. ❑ 7 ❑ 8 ❑ 9

***10** Forme des phrases cohérentes en mettant l'élément souligné en première place.*

a. <u>im Sommer</u> – wir – oft – essen – Eis – gehen

....

b. besichtigen – <u>man</u> – das Schloss Eggenberg – kann

....

c. moderne Cafés – es – <u>in Graz</u> – gibt

....

d. <u>am liebsten</u> – ich – an der Mur – sitze

....

In der Schule

***11** → **Buch, S. 33, 3** Endlich Ferien!,* Schritt 1 *Jede Gruppe liest einen Teil des Textes und macht sich Notizen.*

Teil A

a. Wann spielt die Szene? Notiere die Zeitausdrücke:

1. .... 2. ....

b. Was macht Alex ....

c. Welches Problem hat sie? Notiere den Satz: ....

....

Teil B

a. Wer spricht? ❑ Alex ❑ Lisa ❑ Alex Burger  ❑ Uli ❑ Tatjana

b. Was hat er/sie geplant? (Z. 8–13) 1. .... 2. ....

3. .... 4. ....

c. Welche Adjektive charakterisieren das Programm? (Z. 13–20) ....

....

d. Was interessiert Alex?  (Z. 13–20) 1. ....

2. .... 3. ....

e. Wie reagiert Lisa? Sieh dir die Sätze mit Ausrufezeichen („!“) an.
Sie ist ❑ erleichtert. ❑ wütend. ❑ enttäuscht. ❑ naiv.

Teil C

a. Wer spricht? ❑ Alex ❑ Lisa ❑ Alex Burger ❑ Tatjana

b. Was hat Lisa geplant? (Z. 30–32) 1. .... 2. ....

c. Was interessiert Alex? 1. ....

2. .... 3. ....

d. Was empfindet sie? Sieh dir die Sätze mit „!“ an. Mit welchen Gefühlen kann man sie assoziieren?

❑ Sie hat ein schlechtes Gewissen. ❑ Sie schämt sich.

❑ Sie ist verliebt. ❑ Sie hat Lust, Alex Burger wiederzusehen.

Teil D

a. Wo sind Lisa und Alex? Was machen sie?

....

b. Welches Problem hat Alex?

....

12* → *Buch, S. 34, 4 *Endlich Ferien!,* Schritt 3 *Einige Fragen sind noch offen. Sieh dir die Bilder an und antworte.*

Wohin fährt Alex? ....

Wer ist Uli? ....

Was ist die Musikgeschichte? ....

Zu Hause

21

13 *Les phrases sont-elles déclaratives, interrogatives, ou exclamatives ? Écoute et coche la bonne réponse.*

	.	?	!
a.	❑	❑	❑
b.	❑	❑	❑
c.	❑	❑	❑
d.	❑	❑	❑
e.	❑	❑	❑
f.	❑	❑	❑

14 *Ajoute les signes de ponctuation qui conviennent (. ? ou !).*

a. Wohnt Alex in München .... – **b.** Nein, sie wohnt in Frankfurt .... – **c.** Juhu, endlich Herbstferien .... – **d.** Wie heißt die Hauptstadt der Schweiz .... – **e.** Ich bin sooooo müde ....

22

15 *Observe les verbes ci-dessous et souligne la syllabe accentuée. Vérifie ensuite avec l'enregistrement.*

a. besichtigen – **b.** erklären – **c.** orientieren – **d.** machen – **e.** aufstehen – **f.** beraten – **g.** essen – **h.** trainieren – **i.** erzählen – **j.** planen.

16 *Complète avec les participes II des verbes indiqués entre parenthèses.*

a. Hast du den Uhrturm .... ? *(sehen)* – **b.** Wir haben den Dom .... *(besichtigen)* – **c.** Mozart hat die Zauberflöte .... *(komponieren)* – **d.** Alex hat Souvenirs .... *(kaufen)* – **e.** Unser Lehrer hat eine Stadtrallye .... *(organisieren)*

Schreiben

17 Schreibtraining

Résume ce que tu as appris dans l'épisode 3.

Wo und wann spielt die Szene? Wohin fährt Alex? Was hat Lisa geplant?
Wie reagiert Alex? Woran denkt Alex? Wie fühlt sie sich? Was passiert am Ende? →

In der Schule

***18** → **Buch, S. 34, 4** Graz, eine Stadt zwischen Alt und Neu,* Schritt 1 *Jede Gruppe liest einen Text, macht sich Notizen und findet, wo die Sehenswürdigkeit liegt.*

Text	Sehenswürdigkeit	Informationen (Wie groß? Wie hoch? Seit wann? ...)	Lage
A			
B			
C			
D			
E			

19* → *Buch, S. 34, 4 *Graz, eine Stadt zwischen Alt und Neu,* Schritt 3 *Sieh dir die Fotos an. Was zeigen sie?*

Foto	1	2	3	4	5
Text					

23

20* → *Buch, S. 34, 4 *Graz, eine Stadt zwischen Alt und Neu,* Schritt 4 *Hör die Interviews. Wo sind die Touristen? Was sagen sie zu den Sehenswürdigkeiten?*

Interview	Wo sind sie?	Was sagen sie?
1		
2		
3		

Zu Hause

21 *Associe chaque monument avec la ville ou le site où il se trouve.*

a. die Tower Bridge (1894) • • Berlin
b. der Eiffelturm (1889) • • Paris
c. der Petersdom (im 16. Jahrhundert) • • Rom
d. das Brandenburger Tor (1789) • • London
e. die Sphinx (vor 4500 Jahren) • • New York
f. die Freiheitsstatue (1885) • • Gizeh

22 *Complète le texte.*

Das Brandenburger Tor steht .... der Stadt und ist eines der wichtigsten .... von Berlin. Es ist 26 Meter .... und 65,5 Meter breit und wurde vor über 200 Jahren gebaut. Auf dem Brandenburger Tor kann man die Quadriga ....

SPRACHE... MIT SYSTEM

GRAMMATIK

Zu Hause

1 *Pose les questions correspondant aux éléments soulignés.*

a. Deutschland hat 82 Millionen Einwohner.

....

b. In Österreich spricht man Deutsch.

....

c. Der Rhein, die Elbe und die Donau fließen durch Deutschland.

....

d. Die französische Fahne ist blau-weiß-rot.

....

e. Graz ist die zweitgrößte Stadt Österreichs.

....

***2** Forme des phrases au parfait avec les éléments suivants.*

a. Lisa und Alex – am Montag – den Dom besichtigen.

....

b. Wir – am Dienstagnachmittag – eine interessante Ausstellung – besuchen.

....

c. Ich – den Uhrturm – fotografieren.

....

d. Er – sich über die Öffnungszeiten informieren.

....

WORTSCHATZ

Zu Hause

***3** Trouve les mots manquants et fais les mots croisés.*

1. In Graz kann man das ... Eggenberg besichtigen.
2. Gestern sind wir in die Picasso ... gegangen.
3. Das Brandenburger Tor ist das ... von Berlin.
4. Der Schlossberg liegt mitten in der ... .
5. Graz ... in Österreich, an der Mur.
6. Die ... fließt durch Graz.
7. In Frankfurt gibt es das berühmte Senckenberg ... .
8. Das Kepler ... steht im Stadtpark in Graz.
9. Dieser Wolkenkratzer ist das höchste ... in der Stadt.
10. Das Grazer Kunsthaus wurde im Jahre 2003 ... .
11. In Österreich gibt es gemütliche ... .
12. Hamburg liegt im ... von Deutschland.
13. In der Zeilgalerie sind viele ... , wo man alles kaufen kann.

Le mot vertical est ___ ___ ___ ___ ___ ___ ___ ___ ___ ___ ___ ___ ___

AUSSPRACHE MIT POESIE – *Les consonnes* [z] *et* [ts]

Zu Hause

24 **4** *Écoute le poème.*

25 **a.** *Écoute les mots et coche le son que tu entends.*

	1	2	3	4	5	6	7	8	9
[z]	❑	❑	❑	❑	❑	❑	❑	❑	❑
[ts]	❑	❑	❑	❑	❑	❑	❑	❑	❑

24 **b.** *Réécoute l'enregistrement et écris les mots. Tu peux vérifier en relisant le poème, p. 36 du manuel.*

....

....

c. *Maintenant, apprends le poème par cœur en t'aidant de l'enregistrement.*

Einheit ② Etappe 4

In der Schule

1 → ***Buch, S. 45, 1*** *Streit!,* Schritt 2

26 **a.** *Hör die Aufnahmen ein erstes Mal. Wer streitet sich hier?*

	zwei Freunde	Schulkameraden	Mutter und Tochter
Aufnahme			

26 **b.** *Hör nun die Aufnahmen noch einmal. Warum streiten sie sich? Markiere die passenden Themen für jede Aufnahme.*

Ausgehen …

Liebesbrief … Lehrer … Hausaufgabe …

Geschwister … Party … Noten …

Zu Hause

2 → ***Buch, S. 45*** Und jetzt… *Lernt eine der Szenen auswendig.*

26 *Écoute l'enregistrement et copie les phrases que tu dois savoir pour jouer ton rôle. Marque l'intonation des phrases, les pauses éventuelles. Entraîne-toi à prononcer tes phrases dans le bon tempo.*

Pause : □ *– le ton monte :* ↗ *– le ton baisse :* ↘ *– mots portant une intonation :* • →

3 *Écoute les phrases enregistrées et repère si elles sont affirmatives, exclamatives ou interrogatives.*

27

	.	!	?
1	❑	❑	❑
2	❑	❑	❑
3	❑	❑	❑
4	❑	❑	❑
5	❑	❑	❑

4 *Te souviens-tu des marques du datif (voir précis grammatical) ? Complète avec les désinences manquantes.*

a. Ich habe manchmal Zoff mit mein........ Eltern. – **b.** Wir haben einmal Ärger mit unser........ Nachbarn gehabt. – **c.** Hast du schon einmal Streit mit dein........ besten Freundin gehabt? – **d.** Mit mein........ Freunden habe ich nie Streit. – **e.** Mein kleiner Bruder streitet sich oft mit unser........ Vater. – **f.** Ich habe nie Streit mit mein........ Mutter. Wir verstehen uns prima.

In der Schule

28

***5** → **Buch, S. 46, 2** Die Frankfurter Freunde sprechen über Streit., Hör dir die Interviews der Frankfurter an und mache dir Notizen.*

a. *Mit wem haben sie Streit? Kreuze an, was du hörst.*

Es sprechen:
1. Svende
2. Christina
3. Svende
4. Nils
5. Paul
6. Christina
7. Svende
8. Nils
9. Paul

	mit den Eltern	mit den Geschwistern	mit den Freunden	mit den Lehrern
Svende	❑	❑	❑	❑
Christina	❑	❑	❑	❑
Nils	❑	❑	❑	❑
Paul	❑	❑	❑	❑

b. *Wann haben sie Streit? Kreuze an, was du hörst und mache dir Notizen.*

	oft/häufig	manchmal	selten	Gründe, Reaktionen ...
Svende	❑	❑	❑	....
Christina	❑	❑	❑	....
Nils	❑	❑	❑	....
Paul	❑	❑	❑	....

6 → **Buch, S. 46, 3** *„Was ärgert euch?" „Was ärgert euch am meisten bei den anderen?"*

a. *Welche Antwort passt zu welchem Bild?*

	A 	B 	C 	D 	E 
Antwort					

b. *Was ärgert dich am meisten? Ergänze die Sätze.*

Mich ärgert am meisten, wenn ....

Mich nervt, wenn ....

Es ist ärgerlich, wenn ....

7 → **Buch, S. 47, 4** *Streit-Forum, Jugendliche schreiben über ihre Probleme.,* Schritt 1 *Lies den Text und mache dir Notizen zu diesen Punkten:*

Wer streitet sich mit wem? ....

....

Worüber? ....

....

8 → **Buch, S. 47,** Und jetzt... *Schreibe einen kleinen Beitrag für das Forum.*

a. *Erinnerst du dich an einen Streit mit deinem Bruder/deiner Schwester, einem Freund/einer Freundin? Notiere hier einige Punkte.*

Wann? ....

Mit wem? ....

Warum? ....

Was ist passiert? ....

Wie ist es ausgegangen? ....

b. *Schreibe nun deinen Beitrag.* →

Zu Hause

***9** Que de défauts ! Relie chaque mot à la définition qui convient.*

der Egoist •	• Er erzählt alles dem Lehrer oder den Eltern.
der Lügner •	• Er behält alles für sich.
der Petzer •	• Er denkt nur an sich.
der Geizige •	• Er sagt, er ist der Schönste und Beste.
der Angeber •	• Er erzählt Geschichten, die nicht wahr sind.

***10** Lis ce qui énerve Tarkan et complète les phrases selon le modèle.*

a. Mein Freund gibt nichts von seinem Pausenbrot ab.

Mich ärgert, wenn mein Freund nichts von seinem Pausenbrot abgibt.

b. Leute sind egoistisch.

Mich ärgert, ...

c. Einige Jugendliche geben mit ihren Klamotten an.

Mich ärgert, ...

d. Schüler gehen beim Lehrer petzen.

Mich ärgert, ...

e. Leute denken nur an sich.

Mich ärgert, ...

***11** Luisa parle de ses camarades de classe. Complète ses phrases avec le pronom personnel qui convient.*

a. Vanessa gibt immer mit ihren neuen Klamotten an. Ich mag .... nicht.

b. Tony geht immer beim Lehrer petzen. Ich finde .... nicht nett.

c. Clara und Ilona denken nur an sich. Ich hasse ....

In der Schule

***12** → **Buch, S. 49, 5** Erster Schultag, Sieh dir die Bilder an und lies den Text. Welche Textpassage passt zu welchem Bild?*

1. Zeile ....

2. Zeile ....

3. Zeile ....

4. Zeile ....

5. Zeile ....

***13** → **Buch, S. 49, 6** Dicke Luft,* Schritt 1 *Lies den Text (Zeile 1–7). Was ist los? Wer hat mit wem Streit oder Probleme? Warum? Suche Indizien im Text.*

Wer hat mit wem Streit oder Probleme?	Indizien:
....	....
....	....
....	....

***14** → **Buch, S. 49, 6** Dicke Luft,* Schritt 2 *Lies den Text (Zeile 8–19). Was ist komisch? Wie kannst du das erklären? Sieh dir die Bilder im Buch S. 49 an und mache Hypothesen.*

a. Was für ein Schlüssel ist es? ....

....

b. Was für eine Fete ist das? ....

....

Zu Hause

***15** Complète avec les pronoms personnels qui conviennent.*

a. Alex kennt Alex Burger seit drei Monaten. Sie findet .... süß. – **b.** Sie will mit Tatjana sprechen und ruft .... an. – **c.** Tatjana spricht von den Schlüsseln. Sie will .... schnell haben. – **d.** Alex möchte mit Alex Burger sprechen, aber sie kann .... nicht anrufen! – **e.** Sie hat ihm diese peinliche Postkarte geschickt. Warum hat sie .... denn geschrieben?

16 Schreibtraining
Résume ce que tu as appris dans l'épisode 4.

Wann spielt die Szene? Was sagt Alex Burger über die Postkarte?
Wie reagiert Alex? Was ist zwischen Alex Burger und Tatjana los? Wie reagiert Alex? →

In der Schule

29

***17 → Buch, S. 50, 7** Auf der Bühne,* Schritt 1 *Hör das Interview. Was sagt der Lehrer über das Stück, die Arbeit mit seiner Klasse, die Reaktionen der Schüler?*

Titel des Theaterstücks	....
Name des Autors	....
Thema:	....
Name der „coolen" Mädchen	– .... – .... – ....
Reaktionen der Schüler	....

***18 → Buch, S. 50, 7** Auf der Bühne,* Schritt 2 *Lies die Regieanweisungen.*

a. Wo und wann spielt die Szene? ....

....

b. Wer sind die Personen? ....

....

c. *Schreibe nun zu jeder Skizze, was du siehst und was passiert.*

Skizze 1

....

....

Skizze 2

....

....

Skizze 3

....

....

Skizze 4

....

....

19 *→* ***Buch, S. 50, 7*** *Auf der Bühne,* Schritt 3 *Lies Teil B. Wer kommt? Wer geht wohin?*

a. *Wer kommt? Notiere die Namen und Informationen zu diesen Personen.*

Wer?	Informationen

b. *Wohin gehen sie? Verbinde den Namen mit dem Ort.*

Juli •	• in die Küche
Tessa •	• an die Haustür
Jessica •	• in ihr Zimmer
der Vater •	

20 → ***Buch, S. 50, 7*** *Auf der Bühne,* Schritt 4 *Lies Teil C. Wer streitet sich mit wem? Worüber?*

a. *Wer streitet sich mit wem? Verbinde die zwei Streitpartner.*

b. *Worüber streiten sie sich? Notiere drei Indizien im Text und finde das passende Thema.*

Zu Hause

21 Buch, S. 50, Und jetzt… *Bereitet die Lektüre der Szene vor.*

a. *Lis les phrases suivantes et indique leur ponctuation.*

	?	!
Sind Johannes und Jessica noch da	❑	❑
Kommt herein	❑	❑
Wollen wir los	❑	❑
Sonst kommen wir zu spät	❑	❑
Ist es draußen kalt	❑	❑
Geht die Uhr richtig	❑	❑

30

b. *Écoute à présent l'enregistrement Teil B et vérifie tes réponses.*

31

c. *Écoute l'enregistrement Teil C puis marque l'intonation de phrase sur l'extrait suivant.*
Das meinst du doch wohl nicht ernst, dass du in diesem Fummel in die Schule gehen willst? Das ist was für die Disco! Was sollen denn deine Lehrer von dir denken! Los, zieh dich sofort wieder um. So kommst du mir nicht aus dem Haus!

d. *Entraîne-toi à répéter les phrases et l'extrait en respectant leur intonation.*

22 *Jessica se pose beaucoup de questions à propos de Tom, un de ses camarades de classe. Formule ses interrogations.*

a. Tom – mein neues T-Shirt mögen – ?

....

b. er – mich heute Abend anrufen – ?

....

c. wir – morgen zusammen ins Kino gehen – ?

....

d. ich – Angelika davon erzählen sollen – ?

....

23 *Tom, lui, ne se pose pas les mêmes questions. Bien au contraire ! Complète ses phrases avec le pronom personnel qui convient.*

a. „Jessica? Die Angeberin? Ich mag .... nicht. – **b.** Ich will .... nicht anrufen! – **c.** .... ins Kino einladen? Nie im Leben! – **d.** Und ihr neues T-Shirt? Ich finde .... schrecklich! – **e.** Ihre Freundinnen? Ich mag .... auch nicht."

SPRACHE... MIT SYSTEM

GRAMMATIK

Zu Hause

1 *Sebastian explique ce qui l'énerve. Forme des phrases commençant par „Mich ärgert, wenn ...", à l'aide des éléments ci-dessous.*

a. Meine Eltern hören nicht zu.

....

b. Sie streiten sich.

....

c. Sie behandeln mich ungerecht.

....

d. Ich muss morgens früh aufstehen.

....

e. Meine kleine Schwester spielt mit meiner Playstation.

....

2 *Un nouveau vient d'arriver à l'école. Tu interroges ton ami à son sujet. Pose des questions à l'aide des éléments ci-dessous.*

in der Altstadt wohnen – Geschwister haben – ein guter Schüler sein – Sport mögen – gern Fußball spielen – schwimmen können – Französisch sprechen

....

....

....

....

....

....

....

3 *Réécris les phrases en remplaçant les groupes nominaux soulignés par un pronom personnel.*

a. Ich mag Vanessa nicht. ....

b. Hast du mein Deutschbuch gesehen? ....

c. Er hat seine Klassenarbeit korrigiert. ....

d. Habt ihr Onkel Karl angerufen? ....

e. Stefan holt Klaus am Bahnhof ab. ....

4 *Complète avec le pronom personnel qui convient.*

a. Sandra und Leon haben 30 Minuten Verspätung! Wo sind sie denn? Keine Panik! Ich rufe .... gleich an. – **b.** Hast du die Matheaufgabe gelöst? Nein, ich verstehe .... nicht. – **c.** Dieses Lied von Lafee mag ich überhaupt nicht. Hast du .... gehört? – **d.** Wie findest du den letzten Film von Spielberg? Ich habe .... nicht gesehen. – **e.** Kommt Michael zu deiner Party? Nein, ich habe .... nicht eingeladen.

WORTSCHATZ
Zu Hause

***5** Complète les phrases et tu sauras quel mot vertical se cache dans la grille.*

1. Christian ist ein . . . . Er sagt immer, mit seinen neuen Klamotten ist er der Schönste!
2. Ich darf nicht ausgehen, weil ich eine schlechte Note in Mathe bekommen habe. Das finde ich . . . .
3. Ich hatte einmal . . . mit meiner besten Freundin: Sie hat Thomas gesagt, dass ich ihn süß finde.
4. Mit meiner Schwester habe ich nie . . . . Wir verstehen uns prima.
5. Mich ärgert, wenn Schüler beim Lehrer . . . .
6. Tessa denkt nur an sich, sie ist . . . .
7. Andreas will nichts von seinem Pausenbrot abgeben, er ist . . . .
8. Jonathan hat gesagt, ich bin in ihn verliebt, aber das stimmt nicht! Er ist ein . . . .

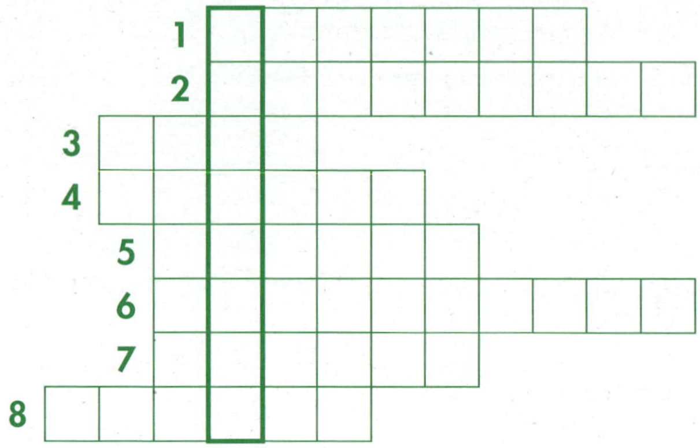

Le mot vertical est

___ ___ ___ ___ ___ ___ ___ ___

AUSSPRACHE MIT POESIE – *Le i long* [iː] *et le i bref* [ɪ]
Zu Hause

***6** Écoute le poème.*

32

a. *Écoute les mots et coche si la voyelle i de la première syllabe est longue ou brève.*

33

	1	2	3	4	5	6	7	8	9	10
[iː]	❑	❑	❑	❑	❑	❑	❑	❑	❑	❑
[ɪ]	❑	❑	❑	❑	❑	❑	❑	❑	❑	❑

b. *Réécoute l'enregistrement et écris les mots. Tu peux vérifier en relisant le poème, p. 52 du manuel.*

33

....

....

c. *Maintenant, apprends le poème par cœur en t'aidant de l'enregistrement.*

Einheit ② Etappe 5

In der Schule

34 **1 → Buch, S. 55, 1** *Musik und Text,* Schritt 1 *Hör dir die sechs Aufnahmen an. Welches Foto passt zu welcher Aufnahme?*

Aufnahme	1	2	3	4	5	6
Foto	....	....	....	....	....	....

35 **2 → Buch, S. 55, 1** *Musik und Text,* Schritt 3 *Hör nun die Kommentare. Ist die Kritik positiv oder negativ?*

Kommentare	a	b	c	d
positiv	....	....	....	....
negativ	....	....	....	....

3 → Buch, S. 55, Und jetzt... *Was magst du für Musik? Was gefällt dir?*

Ich mag …	Mein Lieblingssänger ist …
Ich höre gern …	Meine Lieblingssängerin ist …
Mir gefällt …	Meine Lieblingsband ist …

Zu Hause

***4** Associe chaque adjectif avec son contraire.*

fröhlich modern dynamisch laut schnell mitreißend
traditionell langsam traurig romantisch ruhig leise

***5** Ajoute la forme du verbe* mögen *qui convient.*

a. Ich .... Rock und Elektropop. – **b.** .... ihr Soul Music? – **c.** .... du klassische Musik? – **d.** Die Jugendlichen .... Hiphop und R'n'B. – **e.** Mein Bruder .... Reggae.

In der Schule

36 ***6 → Buch, S. 56, 2*** *Vier Frankfurter, vier Musiktypen,* Schritt 1
Hör die Interviews an. Was sagen die Frankfurter zum Thema Musik?

Es sprechen:
1. Christina
2. Julian
3. Elina
4. Paul
5 Elina
6. Julian
7. Paul
8. Julian
9. Elina

	Christina	Elina	Julian	Paul
Welche Musikstile hört er/sie?				
Wann hört er/sie Musik?				
Wer macht Musik?				

7 → Buch, S. 56, 2 *Vier Frankfurter, vier Musiktypen* Schritt 2 *Wer ist welcher Musiktyp?*

a. *Lies die Beschreibungen und mache dir Notizen.*

Wo hören die Jugendlichen Musik?	
Wann?	
Womit?	
Was sind ihre positiven Aspekte?	

Zu Hause

37

***8** Écoute l'enregistrement et coche le dessin qui correspond à ce que tu as entendu.*

❑

❑

❑

❑

❑

***9** Complète avec le pronom interrogatif qui convient.*

a. „.................... Musik magst du?" – **b.** „.................... hast du Klavierunterricht?" „Am Mittwochnachmittag." – **c.** „.................... hört er Musik?" „Auf dem Schulweg." – **d.** „.................... heißt deine Lieblingsgruppe?" – **e.** „.................... übst du Gitarre?" „Jeden Tag."

***10** Complète la phrase à l'aide des illustrations et selon le modèle.*

Er hört Musik …

Sie hört Musik …

beim Radfahren

....

....

....

....

11 Schreibtraining

La musique et toi ? Écris un petit texte.

Welcher Musiktyp bist du? Was hörst du? Wann? Wo? Womit? Wozu? →

In der Schule

***12** → **Buch, S. 59, 5** Zwei Rivalinnen,* Schritte 1 und 2 *Lies jetzt den ganzen Text. Sieh dir die Bilder an und ordne sie chronologisch. Welche Textpassage passt zu welchem Bild?*

Bild	1	2	3	4	5	6	7
Zeilen							

***13** → **Buch, S. 59, 6** Wie geht es weiter? „Soll ich jetzt den Blödsinn machen?" Was meint Tatjana damit?*

den Schlüssel brauchen – ins Museum gehen – eine Fete organisieren – ein Skelett / einen Knochen stehlen

Zu Hause

38

***14** Écoute et dis si les phrases sont déclaratives, interrogatives ou exclamatives.*

	a.	b.	c.	d.	e.	f.
.	❑	❑	❑	❑	❑	❑
?	❑	❑	❑	❑	❑	❑
!	❑	❑	❑	❑	❑	❑

15 *Ajoute les signes de ponctuation qui conviennent (. ? ou !).*

a. Ich denke, wir teilen die Rolle .... – **b.** Im Singen ist Tatjana besser .... – **c.** Gebt euch schon die Hand .... – **d.** Wann können wir zusammen proben .... – **e.** Danke für deine Hilfe .... – **f.** Alex schüttelt den Kopf: diese Post ....

16 *Complète avec les participes II des verbes indiqués entre parenthèses.*

a. Hast du die Postkarte erst jetzt .... ? *(bekommen)* – **b.** Schließlich haben die Mädchen .... *(kooperieren)* – **c.** Was ist denn .... ? *(passieren)* – **d.** Sie hat von ihren Problemen .... *(erzählen)*

17 *À quel personnage correspondent les expressions ci-dessous ? Coche les bonnes réponses.*

Alex	Alex Burger	Lisa	Tatjana	die Musiklehrerin	
☐	☐	☐	☐	☐	mit Lisa sprechen
☐	☐	☐	☐	☐	von ihren Problemen erzählen
☐	☐	☐	☐	☐	die Karte endlich einwerfen
☐	☐	☐	☐	☐	Alex für die Karte danken
☐	☐	☐	☐	☐	am Nachmittag Musik-AG haben
☐	☐	☐	☐	☐	vom Musical sprechen
☐	☐	☐	☐	☐	die Hauptrolle bekommen wollen
☐	☐	☐	☐	☐	gut singen können
☐	☐	☐	☐	☐	gut tanzen können
☐	☐	☐	☐	☐	eine Lösung finden
☐	☐	☐	☐	☐	die Rolle teilen
☐	☐	☐	☐	☐	kooperieren müssen
☐	☐	☐	☐	☐	sich Fragen stellen

18 *À l'aide des éléments ci-dessus, résume ce que tu as appris dans l'épisode 5.*

In der Schule

19 → ***Buch, S. 60, 7*** *Talente gesucht: drei Wettbewerbe,* Schritt 1 *Jede Gruppe liest einen der Texte und macht sich Notizen zu folgenden Punkten.*

	Text A	Text B	Text C
Wer organisiert den Wettbewerb?			
Wer kann teilnehmen?			
Was müssen die Kandidaten machen?			
Welche Talente muss man haben?			
Was kann man gewinnen?			

39 ***20*** → ***Buch, S. 60, 7*** *Talente gesucht: drei Wettbewerbe,* Schritt 3 *Drei Jugendliche haben an einem Wettbewerb teilgenommen. Hör dir die Interviews an. Was sagen sie zu dem Wettbewerb, ihren Erfahrungen?*

Interview	Wettbewerb	Erfahrung
1		
2		
3		

Zu Hause

***21** Complète avec le pronom réfléchi qui convient.*

a. Die Jugendlichen informieren .... über die Konzerte ihrer Lieblingssänger. – **b.** Hast du .... schon beworben? – **c.** Ich fühle .... schuldig. – **d.** Wir haben .... gelangweilt. – **e.** Setzt .... ! – **f.** Er kann .... nicht konzentrieren.

***22** Complète avec la forme correcte du verbe* dürfen.

a. Ab welchem Alter .... man sich bewerben? – **b.** Ihr .... eine CD oder eine DVD schicken. – **c.** Die Finalisten .... ihren Song vorspielen. – **d.** .... ich auch teilnehmen?

SPRACHE… MIT SYSTEM

GRAMMATIK

Zu Hause

***1** Complète avec les participes II des verbes indiqués entre parenthèses.*

a. Die Touristen haben das Schloss .... *(besichtigen)* – **b.** Er hat mir von seiner Reise .... *(erzählen)* – **c.** Die Jugendlichen haben sich über den Wettbewerb .... *(informieren)* – **d.** Der Lehrer hat einen Ausflug .... *(organisieren)*

***2** Conjugue les verbes à la personne indiquée. Attention à la ponctuation !*

a. sich riesig freuen / er / . ...

b. sich nicht konzentrieren können / ich / . ...

c. sich über die Öffnungszeiten informieren / die Touristen / .

....

d. sich schon beteiligen wollen / du / ? ....

e. sich den ganzen Tag langweilen / wir / . ...

***3** Complète avec la forme correcte du verbe* dürfen.

a. Ich bin 11. .... ich mich bewerben? – **b.** Schüler ab 10 .... sich bewerben. – **c.** Zehn Kandidaten .... vor dem Publikum Konzerte geben. – **d.** Ihr .... singen oder ein Instrument spielen. – **e.** Du .... auch mitkommen.

WORTSCHATZ

Zu Hause

***4** Trouve l'intrus dans chaque ensemble et réécris-le dans celui qui convient. Trouve ensuite un titre pour chaque ensemble.*

.... **1.** Gesang – spielen – tanzen – rappen – hören	.... **2.** Walkman – Ipod – PC – MP3-Player – R'n'B	.... **3.** Casting – Kandidat – Finalist – Handy – Jury ....
.... **4.** Chor – Orchester – singen – Schülerband – Ensemble	.... **5.** Pop-Hits – Lied – Wettbewerb – Song – Schlager	.... **6.** Rock – Gruppe – Rap – Hiphop – Klassische Musik ....

AUSSPRACHE MIT POESIE – *Le o long* [oː] *et le o bref* [ɔ]

Zu Hause

40

***5** Écoute le poème.*

41

***a.** Écoute les mots et repère si le son o que tu entends est long* [oː] *ou bref* [ɔ].

	1	2	3	4	5
[oː]	❑	❑	❑	❑	❑
[ɔ]	❑	❑	❑	❑	❑

41

***b.** Réécoute l'enregistrement et écris les mots. Tu peux vérifier en relisant le poème, p. 62 du manuel.*

....

***c.** Maintenant, apprends le poème par cœur en t'aidant de l'enregistrement.*

Einheit 2 Etappe 6

In der Schule

***1** → **Buch, S. 65, 1** Zusammen, Wo und wann ist man mit anderen zusammen? Was macht man? Ordne die Situationen in der Tabelle ein und ergänze sie.*

Sport machen – lesen – Gesellschaftsspiele spielen – Im Feriencamp sein – Hausaufgaben machen – in der Schule – im Chor – Musik hören – Computer spielen

allein	mit anderen

Zu Hause

***2** Écris une légende sous chaque photo.*

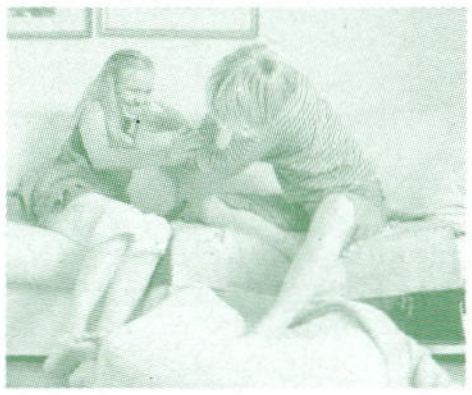

In der Schule

42

3 → ***Buch, S. 66, 2*** *Zu Hause: Aufgaben für alle,* Schritt 1 *Die Frankfurter helfen im Haushalt. Sieh dir die Liste an und höre die Interviews. Wer macht was?*

	Elina 	Paul 	Julian 
auf die Geschwister aufpassen	❑	❑	❑
den Tisch decken	❑	❑	❑
einkaufen	❑	❑	❑
das Zimmer aufräumen	❑	❑	❑
den Mülleimer raustragen	❑	❑	❑
Staub saugen	❑	❑	❑
Rasen mähen	❑	❑	❑
Fenster putzen	❑	❑	❑
die Spülmaschine ausräumen	❑	❑	❑
mit dem Hund spazieren gehen	❑	❑	❑
Wäsche in die Waschmaschine tun	❑	❑	❑

Zu Hause

43

4 *Écoute et souligne la syllabe accentuée. Puis répète les mots suivants :*

aufpassen – einkaufen – übernehmen – aufräumen –
raustragen – Staub saugen – ausräumen – spazierengehen

5 *Construis des phrases au présent à partir des éléments indiqués. Attention aux préverbes séparables !*

a. Elias – sein Zimmer aufräumen ....

b. Anna und Nina – die Spülmaschine ausräumen

....

c. Tobias – mit dem Hund spazieren gehen ....

d. ich – den Mülleimer raustragen ....

e. meine Mutter – am Mittwoch – einkaufen

....

***6** Complète avec la conjonction de coordination qui convient.*

a. Jede Woche saugt Sonja Staub .... putzt die Fenster. – **b.** Simon muss sein Zimmer aufräumen, ... er mag das nicht. – **c.** Vanessa kann nicht ins Kino gehen, ... sie muss auf ihre kleine Schwester aufpassen. – **d.** Manchmal helfe ich beim Rasenmähen .... ich gehe einkaufen.

7 Schreibtraining

Rédige un petit texte sur la répartition des tâches dans ta famille.

Wer putzt? Wer räumt auf? Wer räumt die Spülmaschine aus? ...

In der Schule

44 ***8 → Buch, S. 67, 3** In der Schule, **a.** Hör das Interview mit Paul und Elina an. Was sagen sie über das Zusammenleben in der Schule?*

a. Schüler ärgern andere Schüler. ☐

b. Schüler helfen anderen Schülern. ☐

c. Schüler holen die Lehrer, wenn es ein Problem gibt. ☐

45 ***9 → Buch, S. 67, 3** In der Schule, **b.*** Schritt 1 *Einmal pro Woche hat Thomas Pausenaufsicht. Was heißt das? Hör das Interview mit Thomas und finde seinen Aufsichtszettel wieder.*

Zettel 1
Deine Pausenaufsicht: Dienstag, große Pause – im Pausenhof mit Christian Wiener (12 a) und Anja Sandmann (12c) – zuständige Lehrer: Herr Meier, Frau Sande und Herr Karstens
☐

Zettel 2
Deine Pausenaufsicht: Dienstag, große Pause – im Schulhof mit Mathias Langhof (12a), Selma Brahms (12a) und Annette Kohlmann (12c) – zuständige Lehrer: Herr Link und Frau Müller
☐

Zettel 3
Deine Pausenaufsicht: Mittwoch, große Pause – im Schulgebäude mit Clara Schuhmann (12a), Hans Meissner (12b)
☐

45

10 → Buch, S. 31, 3 *In der Schule,* **b.** Schritt 2 *Hör das Interview mit Thomas Werner noch einmal an.*

a. *Welches Problem musste er lösen? Kreuze an.*

Schüler hatten Streit und sind zu ihm gekommen. ☐
Schüler hatten Streit mit einem Lehrer. ☐
Schüler hatten Streit und haben sich geschlagen. ☐
Schüler hatten ihr Pausenbrot vergessen. ☐

b. *Was kann er machen? Mache einen Vorschlag.*

einen Lehrer rufen – die Schüler trennen – mit den Schülern diskutieren

Ich finde, Thomas … →

11 → Buch, S. 67, 4 *Goldene Regeln für die Schule* Schritt 1 *Lies die sieben Regeln. Welche Probleme sollen sie lösen? Finde zu jedem Problem die passende Regel.*

Problem	Regel Nr.
Viele Schüler sprechen laut miteinander auf dem Flur oder im Hof.	…………
Viele Schüler gehen an ihren Lehrern und Mitschülern vorbei, ohne Guten Tag zu sagen.	…………
Einige Schüler sagen weder Danke noch Bitte, wenn man ihnen etwas gibt.	…………
Manchmal klingeln die Handys der Schüler im Unterricht oder im Schulgebäude.	…………
Es gibt manchmal Zoff zwischen Schülern.	…………
Einige Schüler kommen zu spät in den Unterricht und stören die Klasse, wenn sie arbeitet.	…………
Einige Schüler werfen Papiere oder Kaugummis auf den Boden.	…………

12 → Buch, S. 67, 4 *Goldene Regeln für die Schule* Schritt 2 *Lies den Artikel über die Anne-Frank-Schule. Was erfährst du über die Regeln? Mache dir Notizen.*

a. Wo kann man sie finden? …………………………………………

b. Wer hat sie gemacht? …………………………………………

c. Welche Konsequenzen haben sie für das Leben in der Schule?

…………………………………………

…………………………………………

Zu Hause

13 *Associe chaque mot à son contraire.*

laut •	• pünktlich
schmutzig •	• höflich
zu spät •	• friedlich
unhöflich •	• leise
streitsüchtig •	• sauber

14 *Voici la liste de problèmes rencontrés dans une école. Donne quelques conseils aux élèves en employant le comparatif de supériorité des adjectifs de la deuxième colonne de l'activité précédente.*

a. Die Schüler sind zu laut!	Sie sollen .... sein.
b. Die Schule ist oft schmutzig.	Die Schüler sollen sie .... halten.
c. Viele Schüler kommen zu spät.	Sie sollen .... in die Schule kommen.
d. Manche Schüler sind streitsüchtig.	Sie sollen .... miteinander umgehen.
e. Einige Schüler sind unhöflich.	Sie sollen .... zu ihren Lehrern und Mitschülern sein.

In der Schule

15 → Buch, S. 69, 5 *Eine unerwartete Situation,* Schritt 2 *Lies jetzt den Text (Zeile 5–7). Waren deine Hypothesen richtig? Zitiere die Textstellen, die deine Hypothesen belegen.*

....

....

....

....

....

....

16 → Buch, S. 68, 5 *Eine unerwartete Situation,* Schritt 3

a. *Was liegt Tatjana auf der Seele? Lies den Text (Zeilen 8–14) und kreuze die passende Antwort an. Begründe deine Wahl mit Zitaten aus dem Text.*

Sie will Alex sagen, was sie über das Fest im Museum weiß. ❑ – Sie will nicht mehr beim Musical mitmachen. ❑ – Sie will Alex zum Fest im Museum einladen. ❑ – Sie will den Jungen sagen, dass sie nicht mehr mitmachen will. ❑

Zitat: ....

b. *Wie reagiert Alex?*  *Kreuze die passende Antwort an und begründe sie mit einem Zitat.*

Sie schlägt vor, Alex' Vater alles zu erzählen. ❑ – Sie schlägt vor, mit Herrn Fricke zu sprechen. ❑ – Sie schlägt vor, die Polizei zu informieren. ❑ – Sie schlägt vor, mit Alex zu telefonieren.

Zitat: ....

Zu Hause

***17** Ajoute l'adjectif possessif au pluriel qui convient.*

„Alex und Tatjana, wann kann ich in ....e Klasse kommen?" Die Mädchen schauen sich ....en Stundenplan an. „Sie können am Mittwoch in der dritten Stunde kommen. Da haben wir Sport mit Herrn Schmidt. Er ist auch .... Klassenlehrer." „Ok, dann erkläre ich also ....n Mitschülern, was Mobbing bedeutet. Aber, keine Panik! Ich spreche ....e Namen nicht aus!"

18 Schreibtraining

Résume ce que tu as appris dans l'épisode 6 (die Beziehung zwischen Alex und Alex, die Sorgen von Tatjana, ihre Entscheidung, die Sprechstunde bei Herrn Fricke).

In der Schule

19 → Buch, S. 70, 7 *Viermal Familie,* Schritt 1 *Sieh dir die Fotos an. Welcher Titel passt zu welchem Foto?*

20 → Buch, S. 71, 7 *Viermal Familie,* Schritt 2 *Lies jetzt einen der vier Texte und mache dir Notizen zu:*

- den Personen:
  - Name:
  - Alter:
  - Charakter:
- der Familie:
  - Familientyp:
  - Personen:
- dem Zusammenleben in der Familie:

+ :

– :

GRAMMATIK

Zu Hause

***1** Complète avec les terminaisons qui conviennent.*

a. Im Sommer verbringen wir eine Woche bei unser............... Freund............... Lola und Tom. – **b.** Wie lange bleiben die Kinder bei ihr............... Großmutter? – **c.** Wo ist Lukas? Bei sein .... Freund Alexander. – **d.** Sie wohnt seit einer Woche bei ihr............... Vater. – **e.** Heute Abend essen wir bei mein............... Onkel.

***2** Complète avec l'adjectif possessif pluriel qui convient.*

a. Wir spielen gerne mit .... Freunden im Garten Fußball. – **b.** Wann trefft ihr euch bei .... Freundin Lea. – **c.** Hanna und Tobias essen jeden Sonntag bei .... Großeltern. – **d.** Die Kinder gehen mit .... Hund Bello im Park spazieren. – **e.** Leonies Eltern sind bei .... Freunden eingeladen.

***3** Ajoute la conjonction de coordination qui convient.*

a. Sandra und Hanna sind Schwestern. .... sie wohnen nicht zusammen, ... ihre Eltern sind geschieden.

b. Sandra lebt mit ihrem Vater .... Hanna lebt mit ihrer Mutter.

c. Wenn sie allein zu Hause ist, spielt Hanna Computer .... sie liest Mangas.

d. Sandra geht oft im Wald spazieren, ... sie liebt die Natur.

e. Sie treffen sich am Samstagnachmittag in der Stadtmitte. Dann gehen sie ins Kino .... sie kaufen Klamotten.

WORTSCHATZ

Zu Hause

***4** Chasse l'intrus.*

a. zusammen – allein – mit den Freunden – in der Familie

b. den Tisch decken – das Zimmer aufräumen – die Fenster putzen – Computer spielen

c. die Spülmaschine – die Waschmaschine – die Schreibmaschine – der Staubsauger

d. einkaufen – raustragen – mähen – ausräumen – spazieren gehen

***5** Qui est qui ? Indique de qui on parle.*

a. Er ist nicht mein Vater, aber er lebt mit meiner Mutter und uns seit ein paar Jahren. Sein Sohn ist mein Halbbruder. Er ist mein _ _ _ _ _ _ _ _ _ _ .

b. Schneewittchens _ _ _ _ _ _ _ _ _ _ _ war eine böse Königin. Sie wollte Schneewittchen töten.

c. Ich lebe in einer _ _ _ _ _ _ _ _ _-_ _ _ _ _ _ _ .
Wir sind drei Kinder. Und mein Stiefvater hat auch ein Kind. Also sind wir jetzt sechs Personen zu Hause.

d. Ich wohne mit meinen Großeltern und meinen Geschwistern in einem großen Haus.
Wir bilden eine _ _ _ _ _ _ _ _ _ _ _ .

e. Ich lebe in einer _ _ _ _ _ _ _ _ _ _ _ _ mit meinem Vater und meiner Mutter.

f. Ich habe keine Geschwister. Ich bin ein _ _ _ _ _ _ _ _ _ _ .

AUSSPRACHE MIT POESIE – *Le u long* [uː] *et bref* [ʊ]

Zu Hause

***6** Écoute le poème.*

46

a. *Écoute les mots et coche si le son* [u] *que tu entends est long ou bref.*

47

	1	2	3	4	5
[uː]	❑	❑	❑	❑	❑
[ʊ]	❑	❑	❑	❑	❑

b. *Réécoute l'enregistrement et écris les mots. Tu peux vérifier en relisant le poème, p. 72 du manuel.*

47

....

c. *Maintenant, apprends le poème par cœur en t'aidant de l'enregistrement.*

Einheit 3 Etappe 7

In der Schule

48

1* → *Buch, S. 81, 1 *Fach-Wörter. Sieh dir die Fotos an und hör zu. Notiere den Akzent (wie im Beispiel). Vergleiche mit dem Französischen.*

das In ′sekt	l'insecte
das Rep til	....
das Plank ton	....
der Di no sau rier	....
die Zel le	....
das Mi kros kop	....
das Ther mo me ter	....

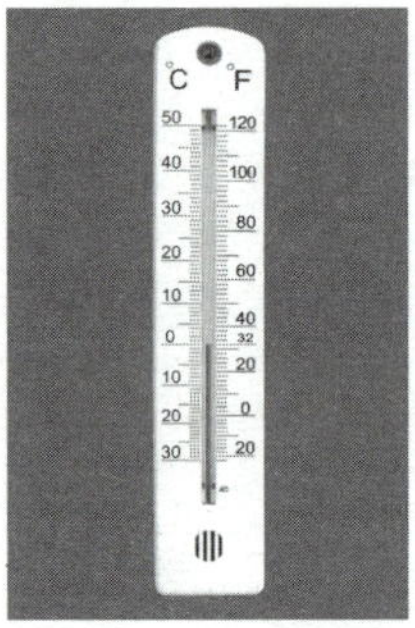

49

2* → *Buch, S. 81, 2 *Bio – mal auf Deutsch! Was machen die Schüler? Hör die Aufnahmen. Zu welchem Foto passen sie? Schreib den richtigen Buchstaben (A, B, C, D, E, F oder G).*

Aufnahme	1	2	3	4
Foto	....	....	....	....

Hör dir die Aufnahmen noch einmal an und schreibe die Verben auf.

a. .... **c.** aufs Thermometer ....

b. eine Zelle .... **d.** sich Insekten ....

und ....

Zu Hause

***3** Inscris sur ton emploi du temps en allemand les matières scientifiques avec leurs horaires : mathématiques, SVT, sciences physiques.*

Montag	Dienstag	Mittwoch	Donnerstag	Freitag	Samstag
....	....	....	....	....	....
....	....	....	....	....	....

Schreiben

4 Schreibtraining

Écris ce que tu fais actuellement ou ce que tu as déjà fait en cours de SVT et dis quelle activité tu préfères. Voici quelques verbes pour t'aider : zeichnen, beobachten, schreiben, mikroskopieren …

***5** Observe le temps qu'il fait aujourd'hui. Entoure les éléments en italique qui conviennent ou complète. Ensuite, tu peux rédiger le bulletin météo du jour.*

a. Heute ist das Wetter *kalt* • *kühl* • *warm* • *heiß*. – **b.** Heute *Morgen* • *Mittag* • *Abend* haben wir ....°. (° = Grad Celsius) – **c.** Es regnet *stark* • *ein wenig*. – **d.** Die Sonne *scheint*. – **e.** Der Himmel ist *blau* • *etwas* • *stark* • *bewölkt*. – **f.** Es ist *windstill*. Der Wind ist *schwach* • *stark*. – **g.** Morgen soll das Wetter *besser* • *schlechter* werden.

In der Schule

***6 → Buch, S. 82, 3** Zum Thema: Mikroskop,* Schritt 1 *Lies die Fragen im Schüler-Blog. Wer antwortet wirklich? Wer macht Spaß?*

Wer antwortet wirklich auf die Frage?	Wer macht Spaß?
•	• ....
•	• ....
•	• ....
•	
•	

7 → Buch, S. 82, 3 *Zum Thema: Mikroskop,* Schritt 2 *Mit Hilfe der Antworten kannst du erklären, was ein Mikroskop ist und was man damit macht.*

• Was bedeutet das Wort?	
• Was kann man damit machen?	

50 **8 → Buch, S. 82, 4** *Naturwissenschaften – macht das Spaß?* Schritt 2 *Hör dir jetzt die Aufnahmen an. Was sagen die Schüler zum Thema? Wie finden sie Biologie, Physik und Chemie?*

	Das Fach, von dem er/sie spricht.	Wie er/sie das Fach findet.	Was er/sie gerne macht.	Was er/sie nicht gerne macht.
 Svende				
 Christina				
 Paul				
 Nils				
 Julian				

Zu Hause

9 Schreibtraining

Comment trouves-tu les matières scientifiques ? Rédige un petit texte sur ce sujet à l'aide des éléments ci-dessous.

+++
… mag ich sehr.
… gefällt mir sehr.
… finde ich besonders interessant.
Ganz besonders interessiere ich mich für … .
Am liebsten mache ich …

+
… finde ich ganz interessant.
… gefällt mir ganz gut.

+–
Manchmal finde ich …, manchmal finde ich … .

–
Ich finde … nicht so interessant.
… finde ich eher langweilig.

– – –
… mag ich überhaupt nicht.
… finde ich gar nicht interessant.

Ich lerne in der Schule Mathematik, Physik, Chemie und Biologie. … →

In der Schule

***10** → **Buch, S. 83, 5** Tierwelt – ganz methodisch,* Schritt 2 *Wähle eines der Tiere und stelle es der Klasse vor.*

1. Ich sage, wovon ich spreche.	Ich habe d.......... .... gewählt. / Ich werde von d.......... .... sprechen. D.......... .... ist ein Säugetier • Insekt • Fisch.
2. Ich zeige ein Foto/Fotos.	Hier seht ihr .... / Auf dem Foto sieht man ....
3. Ich sage, wo das Tier lebt.	....

4. Ich beschreibe das Tier.	• die Größe: ... • das Gewicht: ... • die Farbe: ... • das Alter: ...
5. Ich sage, was das Tier macht.	... ...

Ich höre zu, was die anderen sagen und mache mir Notizen.

Wie heißt das Tier?	Wo lebt das Tier?	Wie ist das Tier?	Was kann das Tier?
A. ...	...	...	...
B. ...	...	...	...
C. ...	...	...	...
D. ...	...	...	...
E. ...	...	...	...
F. ...	...	...	...

Zu Hause

11 *Rédige un petit texte sur l'un des animaux qui t'ont été présentés en classe.* →

12 *Complète les phrases suivantes.*

a. Was für ein Fell hat das Tier hier?
Beispiel: Schimpanse – braun: Der Schimpanse hier hat ein braunes Fell.

Pferd – schwarz: ....

Katze – grau: ....

Hund – dunkelbraun: ....

b. Was für Punkte hat dieses Tier? Oder: Was für Augen hat es?
Beispiel: Marienkäfer – schwarz: Der Marienkäfer hat schwarze Punkte.

Forelle – rot: ....

Spinne – grün: ....

Katze – blau: ....

In der Schule

13 *→ **Buch, S. 85, 6*** *Aktion Anaconda! Lies den Text (Z. 1–23) und mache dir Notizen. Welche Textpassage passt zu welchem Bild? Wo spielen die einzelnen Szenen?*

Bild	1	2	3	4	5	6
Zeilen	....	....	....	....	....	....

Zu Hause

14 *Résume ce que tu as appris dans l'épisode 7.* 

In der Schule

15 → Buch, S. 86, 8 *Dinosaurier: Im Kino oder im Museum?* Schritt 1 *Du gehörst zu Gruppe A oder B. Hier kannst du Informationen zu den verschiedenen Punkten aufschreiben und dann das Kino oder das Museum vorstellen.* Schritt 2 *Jetzt kannst du dir Notizen zu A oder B machen.*

A

Stadt/Land	....
Kino oder Museum?	Name: ....
Praktische Infos	Eintrittspreis: .... Öffnungszeiten: ....
Was kann man sehen (erste Information)?	....
Welche genauen Informationen über Dinosaurier gibt es in dem Artikel?	Wann haben sie gelebt? .... Wie lange haben sie gelebt? .... Wann sind sie ausgestorben? .... Wie groß waren sie? .... Welche Namen hat man ihnen gegeben? ....
Was ist besonders interessant oder attraktiv?	....

B

Stadt/Land	....
Kino oder Museum?	Name: ....
Praktische Infos	Eintrittspreis: .... Öffnungszeiten: ....
Was kann man sehen (erste Information)?	....
Welche genauen Informationen über Dinosaurier gibt es in dem Artikel?	Wann haben sie gelebt? .... Wie lange haben sie gelebt? .... Wann sind sie ausgestorben? .... Wie groß waren sie? .... Welche Namen hat man ihnen gegeben? ....
Was ist besonders interessant oder attraktiv?	....

Der Dino-Test: Jetzt kannst du den Dino-Test machen.

a. Wann lebten die Dinosaurier?

Die letzten Dinosaurier lebten vor .... Jahren.

b. Wie lange lebten sie? ………………………………………………… lang.

c. Wie lang war der *Argentinosaurus*? ………………………………………… lang.

d. Welcher Saurier hatte einen langen Hals? …………………………………………

e. Was fraß der *Gigantosaurus*? …………………………………………………

Zu Hause

16 Schreibtraining

Où peut-on apprendre des choses sur la vie des dinosaures dans ton pays, dans ta région ? Si tu n'as pas d'idée, tu peux essayer de trouver des informations au CDI du collège ou par un moteur de recherche sur Internet.

Wo?	……………………………………
Name?	……………………………………
Was man sehen kann.	…………………………………… ……………………………………
Was besonders interessant ist.	…………………………………… …………………………………… ……………………………………
Praktische Informationen	…………………………………… ……………………………………

17 *À l'oral, on enchaîne facilement des phrases courtes. À l'écrit, tu as un peu plus de temps pour réfléchir. Tu peux ainsi t'entraîner à faire des phrases un peu plus complexes.*

Beispiel: Die Skelette stehen in der Eingangshalle. Sie sind riesig.
Die riesigen Skelette stehen in der Eingangshalle.

Die 3-D-Filme über Dinosaurier kann man in Graz sehen. Sie sind realistisch.

……………………………………………………………………………………

Die Zeichnungen zeigen das Leben der Dinosaurier. Sie sind interessant.

……………………………………………………………………………………

GRAMMATIK

Zu Hause

***1** De quel genre sont les mots suivants ? Vérifie à l'aide de la rubrique* Wortschatz aktiv, *p. 89.*

a. .... Marienkäfer – **b.** .... Elefant – **c.** .... Pferd – **d.** .... Hund –

e. .... Katze – **f.** .... Fisch – **g.** .... Vogel

***2** Complète la légende de chaque illustration.*

a.

b.

c.

d.

e.

f.

g.

a. Ein rot.................. Marienkäfer. – **b.** Ein afrikanisch.................. Elefant. – **c.** Ein weiß.................. Pferd. –

d. Ein klein.................. Hund. – **e.** Eine grau.................. Katze. – **f.** Ein groß.................. Fisch. –

g. Ein bunt.................. Vogel.

***3** Complète avec l'article qu'il faut au nominatif et vérifie à l'aide de ton dictionnaire.*

a. .... Schwanz

b. .... Nase

c. .... Kopf

d. .... Körper

e. .... Fell

f. .... Hals

***4** Complète l'article et l'adjectif avec la terminaison qui convient.*

a. Der *Triceratops* hat ein............. groß............. Kopf. – **b.** Der *Brontosaurus* hat ein............. lang............. Hals. **c.** Der *Brachiosaurus* hat ein............. kurz............. Schwanz. – **d.** Der *Tyrannosaurus rex* hat ein............. dick............. Körper. – **e.** Der *Ankylosaurus* hat ein............. braun............. Panzer. – **f.** Der *Brontosaurus* hat ein............. klein............. Nase.

***5a.** Complète les dialogues en ajoutant les terminaisons qui manquent.*

„Was für ein Tier hast du gewählt?" „Ich habe d............. Hamster gewählt." „Und du?" „Ich habe d............. Marienkäfer gewählt." „Und du?" „Ich habe d............. Katze gewählt."

b. „Wovon wirst du sprechen?" *De quel animal parles-tu ? Ajoute la terminaison qui convient.*

„Ich werde von d............. Maus sprechen." „Und du?" „Ich werde vo............. Schimpansen sprechen." „Und du?" „Ich werde von de............. Forelle sprechen." „Und du?" „Ich werde vo............. Pferd sprechen."

WORTSCHATZ

Zu Hause

***6** Chasse l'intrus ! Certains mots sont nouveaux, mais tu peux sans doute deviner leur sens.*

a. der Hering – die Forelle – der Wal – die Makrele – die Sardine
b. der Marienkäfer – die Biene – die Libelle – die Fliege – der Skorpion
c. der Hund – der Albatros – der Delphin – das Pferd – der Orang-Utan

***7** Voir, regarder, observer. Comment dit-on en allemand ?*

a. s..

b. be..

c. be..

d. sich etwas an..

8 *Où vivent ces animaux ? Coche la ou les bonnes réponses.*

die Sardine: im Meer – im Fluss
der Elefant: in Afrika – in Europa – in Asien – in Amerika – in Australien

der Tiger: ....

9 *Lis les phrases* **a.**, **b.** *et* **c.** *et retrouve qui parle.*

der Physiker – der Biologe – der Chemiker

a. „Ich arbeite an der Universität. Insekten sind meine Spezialität." ....

b. „Ich arbeite in einer Fabrik. Wir machen Polyester." ....

c. „Ich arbeite an einem großen Institut. Astronomie hat mich immer schon interessiert."

....

AUSSPRACHE MIT POESIE – *Les voyelles avec Umlaut : ö [øː] – ü [yː/ʏ]*

Zu Hause

52

10 *Écoute le poème.*

53

a. *Écoute les mots et coche si tu entends le son ö [øː] ou ü [yː/ʏ].*

	1	2	3	4	5
[øː]	❑	❑	❑	❑	❑
[yː/ʏ]	❑	❑	❑	❑	❑

53

b. *Réécoute l'enregistrement et écris les mots. Tu peux vérifier en relisant le poème, p. 88 du manuel.*

....

c. *Maintenant, apprends le poème par cœur en t'aidant de l'enregistrement.*

In der Schule

54

***1 → Buch, S. 91, 1** Malen, zeichnen, basteln …* Schritt 2 *Hör die Interviews. Was machen die Frankfurter gern im Unterricht oder in der Freizeit?*

Christina

Was? ……………………

Wann, wo? ……………………

Svende

Was? ……………………

Wann, wo? ……………………

Paul

Was? ……………………

Wann, wo? ……………………

Zu Hause

2 *Écris une légende à côté de chaque dessin.*

……………………

……………………

……………………

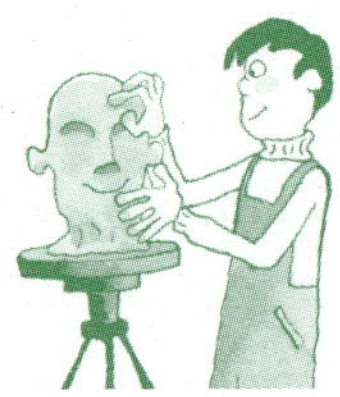

……………………

3 Schreibtraining

En t'aidant des illustrations, écris ce que tu fais en cours d'arts plastiques ou pendant ton temps libre.

Im Kunstunterricht … – In meiner Freizeit … →

In der Schule

4 → Buch, S. 92, 2 *Drei Bilder – zwei Perspektiven, a.* Schritt 1 *Sieh dir die Bilder an und achte auf die Motive und die Farben. Mach dir ein paar Notizen.*

Bild Nr.	Motiv(e)	Kommentar	Farben	Kommentar
1				
2				
3				

schön – interessant – (zu) bunt – gefällt mir (nicht) –
langweilig – monoton – unheimlich – traurig

55 ***5 → Buch, S. 92, 2*** *Drei Bilder – zwei Perspektiven, a.* Schritt 1 *Hör das Gespräch der drei Freundinnen. Was sagen Elina, Christina und Svende?*

Was gefällt ihnen?	Bild Nr.	Was gefällt ihnen nicht?
	1	
	2	
	3	

6 → Buch, S. 92, 2 *Drei Bilder – zwei Perspektiven, a.* Schritt 2 *Mit wem bist du einverstanden?*

Ich bin mit .... einverstanden. Mir gefällt auch das Bild von .... am besten. Ich mag besonders ....

56

7 → Buch, S. 92, 2 *Drei Bilder – zwei Perspektiven, b. Die Kunstlehrerin kommentiert die drei Bilder. Mach Notizen zu folgenden Punkten: der Maler, das Motiv, die Farben.*

Bild Nr.	der Maler	das Motiv	die Farben
1			
2			
3			

8 → Buch, S. 93, 3 *Bilder sprechen, Schüler sollten die Bilder „zum Sprechen bringen". Sprechen kann ein Motiv, eine Farbe oder eine Person. Lies die Texte. Welcher Text passt zu welchem Bild? Wer spricht?*

	Bild Nr.	Wer spricht?
Text A	…	
Text B	…	
Text C	…	

Zu Hause

***9** Repère tous les verbes au prétérit dans le texte et trouve leur infinitif.*

In meiner Kindheit lebte ich mit meinen Eltern in einer kleinen Stadt. Wir wohnten in einem großen Haus. Das Haus hatte einen schönen Garten. Im Sommer spielten wir Kinder oft draußen, bis es dunkel war. Einmal hörte ich ein unheimliches Geräusch. Ich hatte große Angst. Aber es war nur meine Katze, die auf einen Baum kletterte.

ich lebte → leben ....

....

....

***10** Complète avec le/les pronoms qui convien(nen)t.*

a. .... war

b. .... hatte

c. .... waren

d. .... hattet

e. .... warst

f. .... hattest

g. .... hatten

h. .... wart

***11** Dessine un fleuve avec un pont, puis ajoute sur ton dessin les détails indiqués dans le texte.*

Auf der Brücke steht ein Mann. Unter der Brücke fährt ein kleines Schiff. Am Ufer links stehen drei große Bäume. Auf einem Baum sitzt ein Vogel. Am rechten Ufer steht ein großes Haus. In einem Zimmer im zweiten Stock brennt Licht. Vor dem Haus steht ein Fahrrad. Über den Bäumen scheint der Mond.

In der Schule

12* → *Buch, S. 95, 4 *Ende gut, alles gut! Lies den Text. (Zeile 1–8). Welches Bild passt zum Text?*

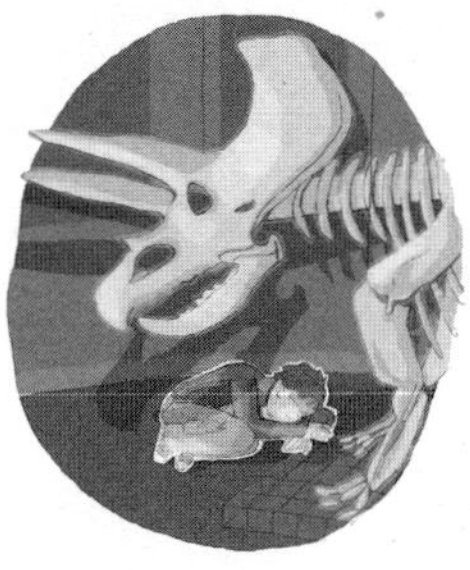

Bild Nr. .... Zeile .... Zitat: ....

....

....

....

13* → *Buch, S. 95, 5 *Ein Referat … mit Folgen, Lies den Text (Zeile 9–Ende). Ordne die Ereignisse in die richtige Reihenfolge.*

Alex' Mutter hilft ihrer Tochter. ....

Die Klasse geht ins Goethehaus. ....

Alex sucht Informationen über Goethe. .....1.....

Alex hält ein Referat im Goethehaus. ....

Alex und seine Freunde sind nicht aufmerksam. ....

Alex schreibt Lisa eine E-Mail. ....

14* → *Buch, S. 95, 6 *Goethe – ein Universalgenie. Lies die Informationen über Goethe und mache dir Notizen.*

Lebensdaten: ....

Wohnorte: ....

Werke: ....

Zu Hause

15 Schreibtraining

Résume ce que tu as appris dans l'épisode 8 (la nuit au musée, la visite de la maison de Goethe, l'exposé sur Goethe, le courriel de Lisa).

In der Schule

***16** → **Buch, S. 96, 7** A Friendly Alien, a.* Schritt 1 *Bildet zwei Gruppen.*
Gruppe 1: Lest die Bildlegenden und notiert, welche Wörter auch einen Menschen beschreiben.

1. .... **2.** .... **3.** ....

Definiert diese Teile des „Friendly Alien" (in euren eigenen Worten!).

Bubble: ....

Nozzle: ....

Travelator: ....

Needle: ....

Gruppe 2: Lest die Kommentare von den Architekten und markiert die Indizien, die den Namen „Friendly Alien" erklären.

PETER COOK:

Ein Gebäude ist wie eine Person. Das Haus hat ein rundes, lächelndes Gesicht, das uns freundlich anschaut. Ich hoffe, dass die Leute das Haus mögen.

COLIN FOURNIER:

Das Haus ist ein „Alien". Seine Formen und Materialien sind anders als die um ihn herum. Sie sprechen eine andere Sprache. Es ist wie ein Wesen aus einer anderen Welt. Der „Friendly Alien" schluckt alles mit seinem Travelator. Es ist wie der Bauch von einem Walfisch. Im Walfischbauch findet man alle möglichen Dinge: alte Stiefel, verlorene Schätze, verirrte Fische, sogar Jonas selbst. Und genau das muss ein Museum sein: Ein Ort voller Dinge, die nicht ganz verdaut sind.

17 → Buch, S. 96, 7 A Friendly Alien, Schritt 3 *Macht Hypothesen, was man in diesem Haus sehen oder machen kann.*

Vielleicht … Ich glaube, dass … Es kann sein, dass …

18 → Buch, S. 97, 7 A Friendly Alien, b. Schritt 1 *Lest nun das Gästebuch. Was haben die Besucher in dem Haus gesehen oder gemacht?*

	Was haben sie gemacht?	Was haben sie gesehen?
Klasse 9a		
Marianne Szymka		
Felicitas		
Sophie Charpentier		
Wolfgang Kleiber		

57 **19 → Buch, S. 97, 7** A Friendly Alien, b. Schritt 2 *Hör dir das Interview mit der Museumskuratorin an. Über welche Veranstaltungen im Kunsthaus spricht sie? Welche Kommentare passen dazu?*

Notiere Stichworte.

– ……………

– ……………

– ……………

– ……………

– ……………

Nr. ……

Nr. ……

Zu Hause

20 *Complète avec le verbe qui convient :* besichtigen – besuchen *(parfois les deux sont possibles).*

a. eine Ausstellung ....

b. Oma ....

c. die Stadt ....

d. eine Schule ....

e. ein Museum ....

SPRACHE… MIT SYSTEM

GRAMMATIK

Zu Hause

1 *Complète avec le verbe au prétérit qui convient.*

war – hatte – war – lebte – fühlte – spielte

a. Es .... einmal ein kleiner Alien. – **b.** Er .... auf einem schönen Stern. – **c.** Aber er .... sehr traurig, denn er .... keine Freunde. – **d.** Er .... sich sehr einsam, denn niemand .... mit ihm.

2 *Complète avec l'adjectif qui convient et ajoute une terminaison si besoin.*

faszinierend – schön – genial – blau – ungewöhnlich – interessant – toll

a. Ich habe eine .... Ausstellung gesehen.

b. Ich finde das Gebäude ....

c. Das Haus hat eine .... Architektur.

d. Der .... Körper sieht wie eine „Bubble“ aus.

e. Die Fotos dieses Künstlers sind wirklich ....

f. Die Skulptur hat eine .... Form.

g. Die Führung war wirklich sehr ....

3 *Fais des comparaisons.*

Beispiel: ins Museum gehen – ins Kino gehen (oft) → Ich gehe **öfter** ins Kino **als** ins Museum.

a. Fotos – Gemälde *(interessant finden)*

....

b. das Kunsthaus – der Uhrturm *(alt sein)*

....

c. moderne Kunst – klassische Kunst *(gern mögen)*

....

d. das Kunsthaus Graz – das Senckenbergmuseum *(groß sein)*

....

e. ein Workshop im Museum – Kunstunterricht in der Schule *(viel Spaß machen)*

....

WORTSCHATZ

Zu Hause

4 *Cherche l'intrus.*

a. faszinierend – langweilig – interessant – ungewöhnlich
b. die Skulptur – das Gemälde – der Walfisch – die Videoinstallation
c. der Raum – die Ausstellung – das Gebäude – die Treppe
d. der Maler – der Besucher – der Fotograf – der Künstler

5 *Coche la bonne terminaison du pluriel.*

	-	-e	-̈e	-en	-s
das Foto	❑	❑	❑	❑	❑
die Skulptur	❑	❑	❑	❑	❑
das Motiv	❑	❑	❑	❑	❑
die Ausstellung	❑	❑	❑	❑	❑
die Führung	❑	❑	❑	❑	❑
der Besucher	❑	❑	❑	❑	❑
der Workshop	❑	❑	❑	❑	❑

	-	-e	-¨e	-en	-s
der Raum	❑	❑	❑	❑	❑
das Gebäude	❑	❑	❑	❑	❑

6 *Range les mots selon qu'ils désignent une couleur, un motif ou une ambiance.*

Stadt – rot – Brücke – Haus – langweilig – grau – Bäume – unheimlich – Schiffe – gelb – braun – traurig – fröhlich

Farben	Motive	Stimmung
....	....	....
....	....	....
....	....	....
....	....	....
	....	

AUSSPRACHE MIT POESIE – *Les sons* ich-Laut [ç] *et* ach-Laut [χ]

Zu Hause

58 **7** *Écoute le poème.*

59 **a.** *Écoute les mots et coche si tu entends le son „ich-Laut" [ç] ou „ach-Laut" [χ].*

	1	2	3	4
[ç]	❑	❑	❑	❑
[χ]	❑	❑	❑	❑

59 **b.** *Réécoute l'enregistrement et écris les mots. Tu peux vérifier en relisant le poème, p. 98 du manuel.*

....

c. *Maintenant apprends le poème par cœur en t'aidant de l'enregistrement.*

Einheit (3) Etappe 9

In der Schule

***1* → *Buch, S. 101, 1* *Umweltschutz – aber wie?*,** Schritt 2 *Umweltschutz – warum denn?*
Trage die Aktionen in die Tafel ein.

	A	B	
	....	Weniger Abfall produzieren.	
	....	Natürliche Ressourcen nicht verschwenden.	
	....	Die Luft nicht verpesten.	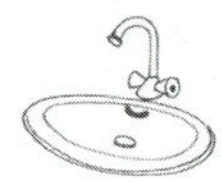
	....	Geld sparen.	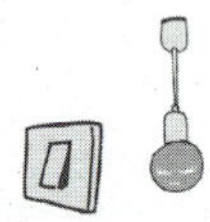
	....	Energie sparen.	

2* → *Buch, S. 101, Und jetzt... *Was machst du zu Hause? Und in der Schule? Überlege und mache dir Notizen zu den Stichworten.*

Zu Hause: Müll – Licht – Apparate – Einkaufen – Wasser
In der Schule: Müll – Licht – Apparate – Hefte – Bücher

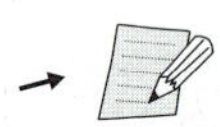

Zu Hause

***3** Complète les phrases avec les expressions de l'encadré A, p. 101 du manuel. N'oublie pas de conjuguer les verbes à la première personne.*

Exemple : Das Licht ausmachen, wenn man aus dem Zimmer geht. → Ich mache das Licht aus, wenn ich aus dem Zimmer gehe.

a. Beim Zähneputzen .... ich .... nicht laufen.

b. Ich stelle den .... aus, ... bin.

c. Ich .... den Müll.

d. Ich .... die Einkaufstasche ....

e. Ich gehe .... in die Schule.

f. Ich .... Hefte.

g. .... Energiesparlampen.

In der Schule

***4** → **Buch, S. 102, 2** Umwelt-Engel oder Umwelt-Teufel?,* Schritt 1 *Lies den Test und gib an, was du machst. Kreuze an.*

	A	B
1.	❑	❑
2.	❑	❑
3.	❑	❑
4.	❑	❑

Und hier kommt dein Profil:
- **1a, 2b, 3a, 4b:** Du bist ein Umwelt-Engel! Du machst alles richtig und passt wirklich auf die Umwelt auf.
- **1b, 2a, 3b 4a:** Du bist ein Umwelt-Teufel. Na ja, Teufel sind nicht dumm und können viel lernen. Und so schwierig ist es ja gar nicht …
- **Alle anderen Lösungen:** Du bist noch nicht perfekt, aber bist auf dem richtigen Weg … vom Teufel zum Engel!

60 ***5** → **Buch, S. 102, 2** Umwelt-Engel oder Umwelt-Teufel?,* Schritt 2 *Hör die Interviews an und mache dir Notizen.*

Wer sind die Umwelt-verschmutzer? Was machen sie?	**1.** .... **2.** ....
Was machen die Frankfurter für die Umwelt?	**1.** .... **2.** ....

Zu Hause

6 *Dis le contraire en utilisant les préverbes* aus- *ou* zu-.

1. Ich mache das Licht an. ....

2. Ich stelle den Computer an. ....

3. Ich mache den Wasserhahn auf. ....

4. Ich mache das Fenster auf. ....

7 Schreibtraining

Tu peux maintenant écrire une rédaction sur ce thème. Lis bien l'intitulé du sujet avant de commencer à écrire. „Ein Umwelt-Tag zu Hause. Erzähle, was du an so einem Tag alles machst." (etwa 80 Wörter)

In der Schule

8 **→ *Buch, S. 103, 3*** *Solarrennen in Frankfurt,* Schritt 1 *Informiere dich über das Solarrennen. Mache dir Notizen zu den verschiedenen Punkten.*

Datum ....

Die Teilnehmer[1] ....

Die Fahrzeuge[2] ....

Wer gewinnt? (3 Kriterien) ....

....

Was braucht man?

Solarboot: ....

Solarauto: ....

Wieviel kostet ein Fahrzeug?

a. für den Schüler: ....

b. in Wirklichkeit[3]: ....

1. der Teilnehmer: *le participant* – 2. das Fahrzeug(e): *le véhicule* – 3. in Wirklichkeit: *en réalité*

61

9 → Buch, S. 103, 3 *Solarrennen in Frankfurt,* Schritt 2
Hör dir den Bericht von Felix und David an und notiere Stichworte.

Es sprechen:
1. David
2. Felix
3. David
4. Felix
5. David
6. Felix
7. David
8. Felix

Warum hat David mitgemacht?	
Warum hat Felix mitgemacht?	
Was haben sie gelernt?	
Haben sie gewonnen?	

Zu Hause

Schreiben

Schreibtraining

10 → Buch, S. 103, Und jetzt... *Hättest du Lust, bei so einem Rennen mitzumachen?*

Tu as eu beaucoup d'informations sur la course de voitures et de bateaux solaires à Francfort. À toi maintenant de dire si tu aimerais participer à une telle compétition. Note les idées essentielles avant de rédiger ton texte.

mitmachen: Alleine? Mit einem Freund/einer Freundin? In einer Gruppe?
interessant finden: Das Projekt? Das Rennen? Den Preis?
basteln: Bastelst du gerne? Was hast du schon gebastelt?
Technik Interessierst du dich für Technik?
Umwelt/Sonnenenergie: Was ist wichtig für dich? Energie sparen? Natürliche Ressourcen nicht verschwenden?
andere Umweltprojekte: Was hast du schon gemacht? Was möchtest du machen? (Beispiele: Altpapier, Plastik sammeln[1], am Meer Abfall[2] sammeln ...)

1. sammeln: *collecter* – 2. der Abfall: *les déchets*

In der Schule

***11** → **Buch, S. 105, 4** Alex zieht Bilanz!, Alex denkt an die vergangenen Wochen in Frankfurt. Kreuze an und zitiere einen Auszug aus dem Text. Die Notizen helfen dir, über Alex und ihre Bilanz in der Klasse zu sprechen.*

zum Thema …	+	−	Indiz im Text
Heimweh*			....
Liebe			....
Museum			....
Musical			....
Freundschaft			....

*das Heimweh: *le mal du pays*

***12** → **Buch, S. 105, 5** Umweltengagiert, Alex und Alex engagieren sich beide für Umweltschutz. Lies den Text (Z. 13–21) und sieh dir die Bilder an. Wer macht was? Kreuze an.*

Bild	1	2	3	4	5	6
	❑	❑	❑	❑	❑	❑
	❑	❑	❑	❑	❑	❑

Zu Hause

13 Schreibtraining

Schreiben

Tu as déjà lu le texte et compris comment Alex voit sa nouvelle vie à Francfort (4. Alex zieht Bilanz!) *et comment Alex et Alex s'engagent chacun à leur manière pour l'environnement* (5. Umweltengagiert). *Relis à présent le texte pour trouver ce qu'ils ressentent l'un pour l'autre.*

	Notizen
 Alex Zeile 6–12, 21–24	....

 Alex Zeile 29–31	…………………… …………………… ……………………

***14** Résume ce que tu as appris dans l'épisode 9.*  → 

***15** Comment parler de ses sentiments lorsque l'on pense à des personnes, à des choses ou à des lieux ? Certains verbes conviennent pour les deux. Coche les cases correspondantes.*

	personnes	choses, lieux
mögen	❑	❑
lieben	❑	❑
Heimweh haben	❑	❑
gefallen	❑	❑
denken an	❑	❑
sich interessieren für	❑	❑

In der Schule

***16** → **Buch, S. 106, 7** Im Solartaxi um die Welt,* Schritt 1 *Jede Gruppe liest ihren Infoblock und spricht darüber. Wer sagt was? Welche Bilder kann man zeigen? Welche Vokabeln brauchen die anderen Schüler? Jede Gruppe hat 2 oder 3 Sprecher. Hier kannst du sehen, welcher Sprecher in deiner Gruppe was sagt.*

A Louis Palmer – der Steckbrief

Sprecher 1 …	stellt die Person vor: Alter? Nationalität? Wohnort? (zusätzliches Material: Fotos von Louis Palmer-Internet)
Sprecher 2 …	spricht von Louis Palmers zwei Berufen. Aber ist Abenteurer sein einziger Beruf?
Sprecher 3 …	präsentiert die Weltreise: durch wie viele Länder ist er gereist? Wie lange hat die Reise gedauert? (Material: Weltkarte)

Louis Palmer
der Steckbrief

Alter: 36 Jahre
Nationalität: Schweizer
Wohnort: Luzern
Beruf: Lehrer, Abenteurer
Letzte Reise: Reise um die Welt / durch 38 Länder
Dauer: 18 Monate

Reiseroute: Europa, Südasien, Australien, Ostasien, Nordamerika, Europa

Kilometer: 53 451

B Das Solarauto – technische Daten

Sprecher 1 ...	beschreibt das Auto: Wieviel Personen können mitfahren? Wieviel Räder? Wie schwer? Warum ein Anhänger? (Material: Fotos vom Solarauto eventuell aus Internet)
Sprecher 2 ...	gibt technische Details: Motor? Kraftstoff? CO2-Ausstoß? (Material: Fotos von Solarzellen)

C Berlin

Sprecher 1 ...	stellt Aufenthalt in Berlin vor: Datum, Fahrt durch Berlin. (Material: Fotos von Berlin)
Sprecher 2 ...	erzählt von seinen Aktivitäten (Personen, Universität ...).

D New York

Sprecher 1 ...	stellt Aufenthalt in New York vor: Datum, wo er wohnt.
Sprecher 2 ...	erzählt die Fahrt durch New York. (Material: Fotos von New York)
Sprecher 3 ...	spricht von den Kontakten mit Menschen.

E Paris

Sprecher 1 ...	stellt Aufenthalt in Paris vor: Datum, Wetter, Parkplatz, Polizei. (Material: Fotos von Paris)
Sprecher 2 ...	spricht von den Terminen mit wichtigen Personen.
Sprecher 3 ...	erzählt von der Panne.

F London

Sprecher 1 ...	stellt Aufenthalt in London vor: Datum, Wetter, Platz, Verkehr. (Material: Fotos von London)
Sprecher 2 ...	spricht von den Kontakten mit Menschen.

17 → Buch, S. 106, 7 *Im Solartaxi um die Welt,* Schritt 2 *Im Plenum werden die verschiedenen Punkte vorgestellt. Hier kannst du Stichworte zu jedem Infoblock notieren.*

Titel	Stichworte
A:	
B:	

C:	
D:	
E:	
F:	

62 ***18** → **Buch, S. 106, 7** Im Solartaxi um die Welt,* Schritt 3 *Lies zuerst, zu welchen Punkten du Informationen sammeln sollst. Hör dir dann das Interview an und mache dir Notizen. Welche Informationen sind neu?*

die Stadt	
das Wetter	
der Komfort im Auto	
Was kostet das Auto?	
Warum macht er das Projekt?	

Zu Hause

Schreiben ***19 Buch, S. 107,*** Und jetzt… *Comment imagines-tu un grand voyage qui respecte le plus possible l'environnement ? Les éléments ci-dessous (et p. 94) peuvent t'aider à rassembler tes idées.*

Wie ich reisen möchte (du kannst kombinieren!):

zu Fuß gehen/wandern – mit dem Fahrrad fahren – mit dem Zug fahren – mit dem Schiff fahren

Wohin ich fahren möchte:

um die Welt reisen – durch Europa reisen – zuerst nach Deutschland, dann nach Österreich … – in die Schweiz, in die USA … – nach Berlin, nach New York

Wie lange die Reise dauert: drei, vier … Monate – ein, zwei Jahre

Wie ich meine Reise finanziere: … € pro Monat – vor der Reise sparen/arbeiten – auf der Reise arbeiten

SPRACHE… MIT SYSTEM

GRAMMATIK

Zu Hause

***1** Je ne veux pas voyager ainsi ! Complète.*
Beispiel: Mit dem Fahrrad fahren? → „Nein, ich fahre nicht mit dem Fahrrad!"

a. „Zu Fuß gehen? „Nein, ……………………………………"

b. „Mit dem Schiff fahren? „Nein ……………………………………"

c. „Mit dem Flugzeug fliegen? „Nein, ……………………………………"

d. „Mit dem Zug fahren? „Nein, ……………………………………"

***2** Non, tu n'es pas d'accord… et tu le dis !*
Beispiel: „Hast du das Licht ausgemacht?" → „Nein, ich habe es **nicht** ausgemacht."

a. „Hast du den Computer ausgemacht? „Nein, ich …………………… ihn ……………………"

b. „Machst du beim Solarrennen mit?"

„Nein, beim Solarrennen ……………………………………"

c. „Kennst du Felix?" „Nein, …………………… ihn ……………………"

d. „Interessierst du dich für dieses Projekt?

„Nein, ……………………………………"

e. „Ist der Bau einfach?" „Nein, ……………………………………"

f. „Ist der Winter vorbei?" „Nein, ……………………………………"

g. „Hast du dich an alles gewöhnt?"

„Nein, ……………………………………"

h. „Magst du ihn?" „Nein, ……………………………………"

i. „Ist er dein Freund?" „Nein, ……………………………………"

***3** Complète avec la marque du cas si nécessaire.*

a. Sie hat kein.............. Antwort bekommen. – **b.** Kein.............. Schüler kann auf diese Frage antworten. – **c.** Sie sind kein.............. Freunde mehr. – **d.** Ich kann kein.............. Auto bauen. – **e.** Ich habe kein.............. Idee.

***4** Réponds aux questions ci-dessous en expliquant pourquoi tu ne peux pas faire les activités que l'on te propose.*
Beispiel: „Warum machst du beim Autorennen nicht mit?" → „Ich habe **kein Auto**!"

a. „Warum machst du nicht mit?" „Was kostet es? 200 €? Ich habe ...."

b. „Warum kommst du nicht?" „Wie lange dauert es? 3 Stunden? Ich habe ...."

c. „Warum gehst du zu Fuß zur Schule?" „Ich habe ...."

d. „Warum schreibst du mir nicht eine Mail?" „Ich habe ...."

WORTSCHATZ

Zu Hause

***5** Éteint ou pas ? Ouvert ou fermé ? Complète.*

a. Nein, ich mache das Licht nicht aus. Ich .... es ....

b. Nein, ich stelle den Computer nicht aus. Ich .... ihn ....

c. Nein, ich mache den Wasserhahn nicht auf. Ich .... ihn ....

d. Nein, ich stelle den Fernseher nicht an. Ich .... ihn ....

e. Nein, ich mache die Kerze nicht an. Ich .... sie ....

***6** Il y a visiblement désaccord. Complète avec l'adjectif qui exprime le contraire.*

a. „Sein Wagen ist langsam!" „Nein, stimmt nicht, sein Wagen ist ...."

b. „Er ist dumm!" „Nein, stimmt nicht, er ist ...."

c. „Das ist kompliziert!" „Nein, stimmt nicht, das ist ...."

d. „Der Wagen ist leicht!" „Nein, stimmt nicht, der Wagen ist ...."

e. „Im Museum war das lustig!" „Nein, das war ...."

f. „Ich habe da ein schlechtes Gefühl!" „Nein, ich habe ein .... Gefühl!"

g. „Ich bin ganz froh." „Nein, ich bin ganz ...."

7 *Voyager… Quelles combinaisons sont possibles ?*

mit dem Schiff •	• reisen
mit dem Fahrrad •	• gehen
mit dem Flugzeug •	• fahren
mit dem Zug •	• fliegen
zu Fuß •	

8 *Louis Palmer parle du temps. Rédige le bulletin météo.*

Louis Palmer	Der Wetterbericht
„Sonnenbad in der Hauptstadt!"	
„Blauer Himmel."	
„Touristen mit Regenschirm."	
„Ich habe Kapuze, Jacke, Mütze …"	

AUSSPRACHE MIT POESIE – *La prononciation des consonnes [b] et [g] en fin de mot*

Zu Hause

63

9 *Écoute le poème.*

a. *Repère les mots qui se terminent par [b] et par [g] et inscris-les dans le tableau.*

b = [p]		g = [k]	

64

b. *Écoute la piste 64. Quel son entends-tu ? Répète chaque mot en imitant bien le modèle.*

c. *Maintenant, apprends le poème par cœur en t'aidant de l'enregistrement.*

Einheit ④ Etappe 10

In der Schule

***1** → **Buch, S. 117, 1** Hightech im Haus, Sieh dir die Katalogseite an und lies die Texte. Welche Werbung passt zu welchem Gerät?*

Werbung	1	2	3	4	5
Gerät	....	....	....	....	....

2** → **Buch, S. 117, Und jetzt... *Was hast du für Geräte? Was möchtest du haben?*

Ich habe	}	einen Computer – CD-Player – MP3-Player – Walkman …
Ich möchte		ein Laptop – ein Handy …
Ich hätte gern		eine WII – Konsole – Playstation …

Zu Hause

***3** Écris le nom de chaque appareil sous la photo.*

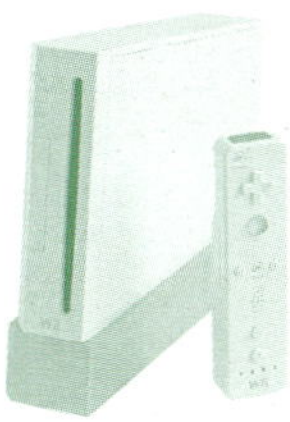

....

....

4 *Ajoute la terminaison qui convient. Attention au genre des noms.*

a. Ich möchte ein........ MP3-Player. – **b.** Meine Schwester und ich, wir hätten gerne ein........ Playstation. – **c.** Zu Weihnachten wünscht er sich ein........ Laptop. – **d.** Viele Jugendliche haben ein........ Handy. – **e.** Habt ihr ein........ Walkman? – **f.** Wir möchten ein........ WII.

5 *Rappelle-toi la déclinaison de l'adjectif épithète (voir précis grammatical) et complète avec la terminaison qui convient.*

a. Lola hat sich ein.............. neu.............. Computer gekauft. – **b.** D.............. alt.............. funktionierte nicht mehr. – **c.** D.............. neu.............. Gerät besitzt ein.............. groß.............. Bildschirm und ein .... integriert.............. Webcam.

In der Schule

6 → ***Buch, S. 118, 2*** *LOL ;-)!* Schritt 1 *Lies die SMS-Nachrichten und den Chatbeitrag. Übersetzte sie in richtiges Deutsch.*

	Übersetzung	Wer hat geschrieben? (Indizien?)
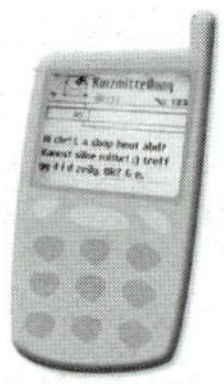	....	....
	....	....
	....	....

65

7 → Buch, S. 118, 2 LOL ;-)! Schritt 2 *Hör die Interviews mit den Jugendlichen aus Frankfurt.*

Es sprechen:
1. Svende
2. Christina
3. Svende
4. Christina
5. Elina
6. Paul
7. Julian

a. *Was sagen sie über ihre High-Tech-Geräte?*

	 Svende	 Christina	 Elina	 Paul	 Julian
Welche Geräte haben sie?					
Was machen sie damit?					

b. *Wer hat die Nachrichten geschrieben? Notiere die Indizien.*

8 → Buch, S. 118, 2 LOL ;-)! Schritt 3 *Was machst du mit deinen Geräten? Schreibe einen kleinen Text.*

E-Mails schreiben – ins Internet gehen – Musik hören – Fotos machen – mit Freunden chatten – Fotos bearbeiten – spielen – Filme machen – Klingeltöne herunterladen

schön – klein – handlich – praktisch – modern

9 → Buch, S. 119, 3 *Chatten ohne Risiko, Chatten macht Spaß. Aber kennst du die Gefahren?*

a. *Lies die Fragen und mache den Test.*

1	2	3	4	5

Zähl deine Punkte zusammen.

	Frage 1	Frage 2	Frage 3	Frage 4	Frage 5
Antwort a	1	1	1	1	2
Antwort b	3	3	2	2	3
Antwort c	2	2	3	3	1

b. *Lies jetzt das Ergebnis und entdecke, was für ein Chatter du bist. Kreuze die Antwort an, die zu dir passt.*

0 → 9 Punkte:
Du magst surfen und gehst oft in Chats oder Foren, aber Vorsicht! Chatten kann gefährlich sein. Informiere dich schnell über die Gefahren! ❑

9 → 12 Punkte:
Du weißt, dass man Regeln beim Chatten beachten muss. Aber diese Regeln kennst du nicht so gut. Frag deine Eltern oder einen Lehrer. ❑

12 → 15 Punkte:
Bravo, du bist beim Chatten vorsichtig! Du kennst die Gefahren des Internets. Du kannst ruhig surfen und chatten. ❑

Zu Hause

66

10 *Écoute l'enregistrement et coche les appareils que possède Lukas.*

Handy	MP3-Player	Computer	Laptop	WII	Fernseher
❑	❑	❑	❑	❑	❑

11 *Complète avec le pronom relatif qui convient. N'oublie pas que le pronom relatif s'accorde en genre et nombre avec son antécédent.*

a. Ich chatte mit einem Jungen, ... in Italien wohnt. – **b.** Ich habe ein Handy, ... nur 1,8 kg wiegt. – **c.** Geh in Chats, ... nur für Kinder sind. – **d.** Ein Handy ist ein Mobiltelefon, ... klein und handlich ist. – **e.** Wer ist der Junge, ... Alex eine alberne E-Mail geschickt hat?

Schreiben

12 Schreibtraining

Was sind deine Chatgewohnheiten? (Hast du einen Computer zu Hause? Gehst du oft ins Internet? Gehst du regelmäßig in Chats oder Foren? Hast du schon schlechte Erfahrungen mit Chattern gemacht?) →

In der Schule

13 → Buch, S. 121, 4 *Ein schlechter Morgen ...,* Schritt 1 *Lies den Text (Z. 1–5). Welche Probleme hat Alex?*

a. ....

b. ....

c. ....

***14** → **Buch, S. 121, 4** Ein schlechter Morgen ...,* Schritt 2 *Lies den Text (Z. 6–17) und sieh dir die Smileys an. Welche passen zu Alex' Gefühlen? Notiere die Ausdrücke.*

***15** → **Buch, S. 121, 5** Eine schnelle Reparatur...,* Schritt 1 *Alex hat ein Problem mit ihrem Computer. Was funktioniert vielleicht nicht? Mach Hypothesen.*

Vielleicht liegt es an (+ D) ...

Zu Hause

***16** Alex se pose beaucoup de questions à propos d'Alex Burger. Complète les phrases, selon l'exemple, à l'aide des éléments ci-dessous. Attention aux pronoms personnels !*

Exemple : Ist er gut in Informatik? Alex fragt sich, ob er gut in Informatik ist.

a. Soll ich ihn fragen?

Alex fragt sich,

b. Will er mir helfen?

Alex fragt sich,

c. Kann er den Computer reparieren?

Alex fragt sich,

d. Kommt er heute Nachmittag zu mir nach Hause?

Alex fragt sich,

***17** Forme une proposition relative selon le modèle.*

Alex – eine Freundin haben – in der Parallelklasse sein. → Alex hat eine Freundin, die in der Parallelklasse ist.

a. Frau Achtelbaum – die Lehrerin sein – das Weihnachtsmusical organisieren

....

b. Der Vertrauenslehrer – der Lehrer sein – den Schülern helfen können

....

18 Schreibtraining

Résume ce que tu as appris dans l'épisode 10.

Wo spielt die erste Szene? Welche Probleme hat Alex? Was fragt sie Alex Burger? Was antwortet er? Wo spielt die zweite Szene? Was passiert? →

In der Schule

***19 → Buch, S. 122,** Der Vater des Computers,* Schritt 1 *Jede Gruppe liest die Texte und ergänzt sie mit Hilfe der Materialien.*

Gruppe A ergänzt Zuses Steckbrief.

Name: .... Vornanme: ....

Geburtsdatum: .... Geburtsort: ....

Schulnoten: ....

Interessen: .... Hobbys: ....

Gruppe B

Studium: .... Beruf: ....

Erfindung: – Was? ....

– Wie heißt die Maschine?: ....

– Warum?: ....

Zu Hause

***20** Retrouve dans chaque série la forme verbale qui diffère des autres. Indique à chaque fois son infinitif.*

a. studierte – lebte – wohnte – war – hörte → ……………………

b. baute – spielte – ging – interessierte – kaufte → ……………………

c. suchte – kam – machte – sagte – malte → ……………………

d. wurde – rechnete – brauchte – funktionierte – fragte → ……………………

***21** Dans une biographie, on retrouve souvent les mêmes thèmes. Associe les thèmes abordés avec les phrases correspondantes.*

- Geburtsdatum •
- Geschwister/Familie •
- Kindheit/Schule •
- Hobbys und Interessen •
- Beruf •
- Heirat •
- Werk/Erfindung •
- Tod •

- • Er interessierte sich für die Naturwissenschaften und für die Mathematik.
- • Er starb am 18. April 1955 im Alter von 76 Jahren in Princeton (USA).
- • Er ging in München in die Volksschule und später aufs Luitpold-Gymnasium.
- • Er wurde im Jahre 1879 in Ulm geboren.
- • 1905 entwickelte er die Relativitätstheorie. Seine Formel $E= mc^2$ ist weltberühmt.
- • Er wurde Fachlehrer für Mathematik und Physik.
- • Sein Vater arbeitete als Kaufmann. Seine Schwester Maria wurde im Jahre 1881 geboren. Kurz danach zog die Familie nach München um.
- • 1903 heiratete er Mileva Maric.

Sais-tu de quel scientifique il s'agit ? ……………………………………

Schreiben

22 Schreibtraining

Schreib die Biographie eines berühmten Erfinders.
Wo und wann wurde er geboren? Was machten seine Eltern? Wo hat er seine Kindheit verbracht? Wo studierte er? Was hat er erfunden? →

GRAMMATIK

Zu Hause

***1** Complète avec le pronom relatif qui convient.*

a. Konrad Zuse hat eine Maschine gebaut, ... die Welt verändert hat. – **b.** Meine Eltern haben mir ein Handy geschenkt, ... nur 100g wiegt. – **c.** Wie heißen die Jungen, ... zu der fiesen Gang gehören? – **d.** Ein Computerfreak ist jemand, ... sich nur für Computer interessiert.

***2** Réponds aux questions avec une proposition relative. Aide-toi des éléments proposés.*

a. Was ist ein Moderator?

eine Person – das Forum überwachen*

....

b. Was ist ein Laptop?

ein kleiner, tragbarer Computer – einen Bildschirm und eine Tastatur integriert haben

....

c. Was ist ein MP3-Player?

ein Gerät – digital gespeicherte MP3-Dateien abspielen

....

* überwachen: *surveiller*

***3** Transforme les questions ci-dessous en interrogatives indirectes commençant par „Lisa fragt sich, ob …"*

a. Kauft sie ihrem Sohn ein Laptop?

....

b. Braucht er wirklich einen neuen Drucker?

....

c. Soll sie eine Webcam kaufen? ....

d. Surft er oft im Internet? ....

e. Kennt er die Gefahren?

....

WORTSCHATZ

Zu Hause

***4** Barre l'intrus.*

a. die Maus – der Bildschirm – der CD-Player – die Tastatur – der Drucker

b. das Laptop – die E-Mail – die SMS – die Nachricht – der Brief

c. der MP3-Player – der Walkman – der CD-Player – das Handy – der Fotoapparat

d. klicken – Rad fahren – herunterladen – einschalten – ausschalten

***5** Associe les mots anglais avec les mots allemands qui leur correspondent.*

delete •	• Passwort
search •	• herunterladen
cut •	• drucken
paste •	• speichern
password •	• suchen
print •	• einfügen
save •	• löschen
download •	• ausschneiden

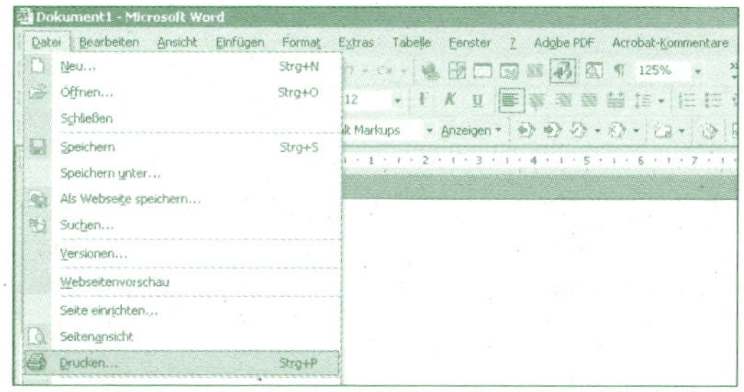

AUSSPRACHE MIT POESIE – *Le a long* [aː] *et le a bref* [a]

Zu Hause

***6** Écoute le poème.*

68

a. *Écoute les mots et coche si le son a que tu entends est long* [aː] *ou bref* [a].

69

	1	2	3	4	5	6
[aː]	❑	❑	❑	❑	❑	❑
[a]	❑	❑	❑	❑	❑	❑

b. *Réécoute l'enregistrement et écris les mots. Tu peux vérifier en relisant le poème, p. 124 du manuel.*

69

....

c. *Maintenant, apprends le poème par cœur en t'aidant de l'enregistrement.*

Einheit 4 Etappe 11

In der Schule

70 **1** → ***Buch, S. 127, 1*** *Das Kinoprogramm,* Schritt 2 *Hör die Interviews. Wer hat welchen Film gesehen? Was sagen sie über den Film?*

Interview	Film	Kommentar zum Film
1		
2		
3		
4		

Zu Hause

2 *Associe l'adjectif avec le genre de film qui lui correspond le mieux.*

der Actionfilm •	• lustig
die Komödie •	• interessant
der Liebesfilm •	• spannend
der Dokumentarfilm •	• gruselig
der Horrorfilm •	• romantisch

3 *Complète les phrases avec l'un des adjectifs ci-dessus et ajoute la terminaison si nécessaire.*

a. Ich habe gestern ein....... .... Komödie gesehen.

b. Der Dokumentarfilm über die Elefanten in Afrika ist sehr ....

c. Das .... Fantasy-Buch habe ich toll gefunden.

d. Ich mag ………………………… Liebesfilme.

e. Ich möchte d…… ………………………… Actionfilm heute Abend im Fernsehen sehen.

In der Schule

71 ***4 → Buch, S. 128, 2*** *Actionfilm, Komödie oder …? Hör dir die Interviews mit den Frankfurtern an. Welche Filme sehen sie gern? Wo sehen sie die Filme und mit wem?*

	Lieblingsfilme	Wo sehen sie sie?	Mit wem sehen sie die Filme?
 Christina			
 Paul			
 Nils			
 Elina			

5 → Buch, S. 128, 3 *Film: Im Kino oder zu Hause?,* Schritt 1 *Lies die Argumente der Jugendlichen und ordne sie.*

Argumente für das Kino	Argumente für Filme auf DVD
•	•
•	•
•	•
•	•
	•

Zu Hause

6 Où regarde-t-on des films ? Complète avec la préposition et la désinence qui conviennent.

1. Ich sehe Filme meistens ....Hause oder .... Freunden. – **2.** Ich sehe Filme lieber .... Kino als .... Fernsehen. – **3.** .... ein.................. Kinoleinwand sind Filme schöner als .... d.................. Computerbildschirm.

7 Complète les phrases suivantes avec le superlatif invariable qui convient.

a. Ich sehe gern Liebesfilme, aber am .... sehe ich Actionfilme.

b. Filme auf einem großen Fernsehbildschirm sind schön, aber am .... ist es auf der großen Kinoleinwand.

c. Fernsehen mit der Familie ist gut, aber am .... ist es mit Freunden.

d. Chips mag ich sehr, aber am .... mag ich Popcorn.

In der Schule

8 → Buch, S. 129, 4 *Vom Buch zum Film, Lies den Artikel, mache dir Notizen zu folgenden Punkten.*

Filmgenre: ....

Handlung: ....

....

Schauspieler: ....

Publikum: ....

Zu Hause

9 Regarde les images. Où vont les personnages ? D'où viennent-ils ?

A

B

....

....

C

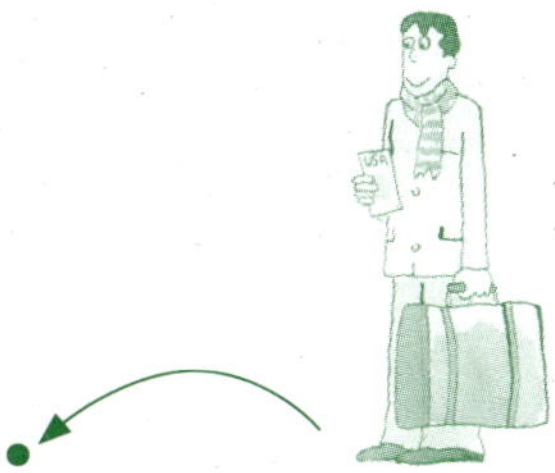

USA

D

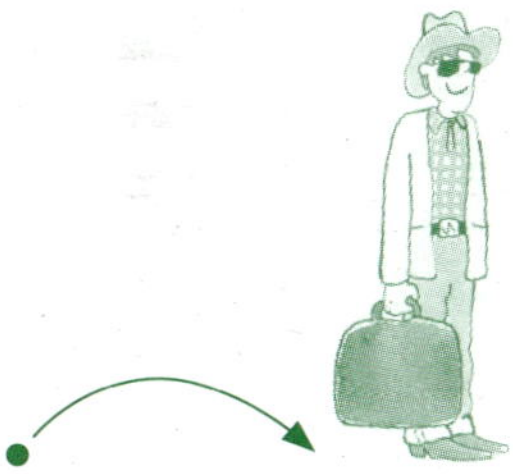

USA

E

Deutschland

F

Deutschland

10 Und jetzt... *Schreibe eine Filmkritik über einen Film, den du gesehen hast. Voici une check-list pour t'aider à réaliser cette tâche :*

- **le titre du film ?** (der Titel);
- **en quelle langue ?** (in Orginalfassung, auf Französisch / Deutsch / Englisch, mit französischen Untertiteln);
- **un bref résumé de l'histoire** (Es geht in dem Film um … + A / Der Film handelt von + D …);
- **les acteurs** (der Schauspieler, die Hauptrolle / die Nebenrollen / der Star, bekannt / berühmt);
- **les effets** (Spezialeffekte, Trickaufnahmen, toll, beeindruckend);
- **comment tu as trouvé le film** (lustig, spannend, traurig …).

In der Schule

11 → ***Buch, S. 131, 5*** *Ein Tag voller Geheimnisse,* Schritt 1 *Lies den Text (Z. 1–3). Was hat Alex Matze gesagt? Mach Hypothesen über das Gespräch.*

Alex will wissen, …
… ob Matze Zorro ist. / … ob Matze sich für Alex interessiert. / … ob er ihr eine E-Mail geschrieben hat. / … warum er Alex geschrieben hat. / … welche Gefühle er für Alex hat.

Was kann Matze sagen?
Das geht dich nichts an! – Na und! – Ich mache, was ich will! – Du spinnst wohl!

***12** → **Buch, S. 131, 6** Eine romantische Szene. Lies den Text (Zeile 17–32) und sieh dir die Bilder an. Welche Textpassage passt zu welchem Bild? Notiere die Sätze.*

Bild 1

Zitat: ....

Bild 2

Zitat: ....

Bild 3

Zitat: ....

Bild 4

Zitat: ....

Bild 5

Zitat: ....

Bild 6

Zitat: ....

Zu Hause

13 Schreibtraining

Résume ce que tu as appris dans l'épisode 11.

Was passiert in der Schule? Was findet Alex in ihrem Fach? Welchen Rat gibt ihr Lisa? Geht Alex ins Kino? Mit wem?

In der Schule

72 ***14 → Buch, S. 132, 7*** *Dokyou,* Schritt 1 *Hör dir die Interviews an. Was erfährst du über das Projekt „Dokyou"?*

Was? ....

Wer? ....

Wie lange? ....

Kommentare:

Lehrer: ....

Schüler: ....

Regisseur: ....

15 → Buch, S. 132, 7 *Dokyou,* Schritt 2 *Was erfahrt ihr über die Dokumentarworkshops in den verschiedenen Schulen? Macht euch Notizen zu folgenden Punkten.*

A

Wer macht mit?	
Was lernen sie?	
Kommentar	

B

Wer macht mit?	
Was lernen sie?	
Kommentar	

C

Wer macht mit?	
Was lernen sie?	
Kommentar	

Zu Hause

***16** Sur un forum Internet, tu trouves le commentaire suivant à propos du projet « Dokyou ». Donne ton avis sur la question en rédigeant une réponse.*

> Filme in der Schule drehen. Das ist doch Spielerei. Die Schüler sollen lieber Mathe und Deutsch machen. Dann lernen sie wenigstens etwas Richtiges.
>
> *Klaus Richter (65) Frankfurt*

SPRACHE... MIT SYSTEM

GRAMMATIK

Zu Hause

***1** Construis des phrases à l'aide des éléments donnés selon le modèle.*

Fantasyfilme – Actionfilme – Horrorfilme – gruselig sein → Fantasyfilme sind gruseliger als Liebesfilme, aber Horrorfilme sind am gruseligsten.

a. Dokumentarfilme – Fantasyfilme – Actionfilme – spannend

....

b. Filme im Fernsehen – Filme auf DVD – Filme im Kino – gut

....

c. lesen – Filme sehen – Computer spielen – gern

....

***2** Quelles sont les activités que les adolescents aiment bien faire ? Regarde les résultats du sondage et commente-les.*

alle – die meisten – manche

Fernsehen	10%
Computer spielen	100%
Filme auf DVD gucken	80%
Gesellschaftsspiele spielen	30%

....

....

....

....

WORTSCHATZ

Zu Hause

***3** Barre l'intrus.*

a. spannend – interessant – lustig – langweilig – gruselig

b. der Schauspieler – der Zuschauer – der Regisseur – der Produzent – der Kameramann

c. auf dem Computer – im Fernsehen – auf dem MP3 Player – auf DVD – im Kino

d. Schokolade – Chips – Eis – Popcorn – Bonbons

***4** Trouve les mots composés et vérifie ensuite dans le dictionnaire.*

der
die
das

- Kino
- Hollywood
- Spiel
- Film
- Action
- Fernseh

- star
- plakat
- kritik
- fan
- zuschauer
- film
- szene
- leinwand

AUSSPRACHE MIT POESIE – *La diphtongue* [aɪ] *et la voyelle* [ɪ]

73 ***5** Écoute le poème.*

74 ***a.** Écoute les mots et repère si tu entends le son* [aɪ], *le son* [iː] *ou le son* [ɪ].

	1	2	3	4	5	6	7	8	9	10	11	12
[aɪ]	❑	❑	❑	❑	❑	❑	❑	❑	❑	❑	❑	❑
[iː]	❑	❑	❑	❑	❑	❑	❑	❑	❑	❑	❑	❑
[ɪ]	❑	❑	❑	❑	❑	❑	❑	❑	❑	❑	❑	❑

73 ***b.** Réécoute l'enregistrement et écris les mots. Tu peux vérifier en relisant le poème, p. 134 du manuel.*

....

....

***c.** Maintenant, apprends le poème par cœur en t'aidant de l'enregistrement.*

In der Schule

1 → Buch, S. 137, 1 *Heute oder morgen? Sieh dir die Fotos zu den Themen* Arbeiten *in der* Schule *und* Leben in der Stadt *an. Was gibt es heute schon? Was kommt (vielleicht) morgen?*

Arbeiten in der Schule

	heute?	morgen?
mit Heft und Stift	❑	❑
mit Laptop	❑	❑
mit Videokonferenz	❑	❑

Unterwegs in der Stadt

	heute?	morgen?
Fliegende Untertassen	❑	❑
Auto mit Wasserstoffmotor	❑	❑
Magnetbahn	❑	❑

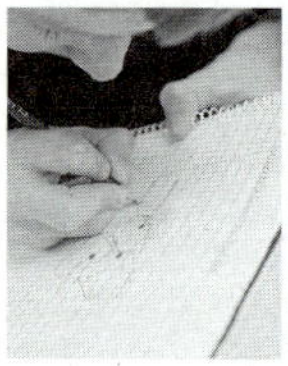

2 → Buch, S. 137, Und jetzt… *Was wird sich in deinem Alltag verändern? Mach dir Notizen zum Alltag heute und morgen.*

	heute?	morgen?
essen		
wohnen		
Transport		
lernen		

75 **3 → Buch, S. 138, 2** *Morgen ... oder übermorgen?,* Schritt 1 *Die Freunde aus Frankfurt sprechen auch über die Zukunft. Hör dir die Interviews an. Über welche Punkte sprechen sie? Notiere sie in A. Hör es dir noch einmal an und notiere Stichworte in B.*

A **B**

Punkte, über die sie sprechen	Wie sie die Zukunft sehen

Zu Hause

4 Schreibtraining

Tu as échangé en classe, avec ton partenaire et/ou en plénière sur l'avenir. Tu peux maintenant écrire un compte rendu de cette heure de cours. Les questions ci-dessous vont t'aider à le structurer.

- *Titre ? Quel thème ? Quand ? (Date ? L'heure du cours ?)*
- *Avez-vous écouté une interview ? Comment avez-vous discuté ? Par deux ? Toute la classe ? Tout le monde s'est exprimé ?*

Cite quelques avis que tu trouves intéressants. Les avis sont plutôt pessimistes ou plutôt optimistes ? Comment as-tu trouvé cette discussion ?

In der Schule

5 → Buch, S. 138, 3 *Visionen,* Schritt 2 *Du willst ein Plakat vorstellen? Hier ein paar Tipps.*

	oben	
links	in der Mitte	rechts
	unten	

vom Thema sprechen:	Das Thema hier ist ...
den Ort vorstellen:	Es geht um ...
vom Text sprechen:	das Wort – der Slogan – der Satz – groß geschrieben – klein geschrieben sein
die Menschen beschreiben:	jung – alt – stehen – gehen – laufen...
die Objekte beschreiben:	liegen – sich befinden ...
die Farben beschreiben:	helle Farben – dunkle Farben – rot – blau ...
die Formen beschreiben:	Linie(n) – Diagonale – Quadrat – Rechteck
seine Meinung sagen:	gut – interessant finden ...

6 → **Buch, S. 139, 4** *Perfect Frankfurt 2020 – der Wettbewerb,* Schritt 1 *Lies den Artikel und suche nach Antworten auf folgende Fragen.*

Um welche Themen geht es?

Es gibt ein allgemeines Thema* mit mehreren Punkten:

Das allgemeine Thema: .... von Frankfurt im Jahre ....

- Punkt 1: ....
- Punkt 2: ....
- Punkt 3: ....
- Punkt 4: ....
- Punkt 5: ....

* das allgemeine Thema: *le thème général*

Wer kann mitmachen?

- Beruf/Aktivität: ....
- Alter: ....
- Wohnort: ....

Was kann man machen?

1. ....
2. ....
3. ....
4. ....
5. ....
6. ....
7. ....
8. ....
9. ....
10. ....
11. ....
12. ....
13. ....

Was kann man gewinnen?

Notiere nur Stichpunkte:

1. Preis: ....

2. Preis: ....

3. Preis: ....

4. Preis: ....

Zu Hause

7 Buch, S. 139, 4 *Perfect Frankfurt 2020 – der Wettbewerb,* Schritt 2

Tu souhaites participer au concours „Francfort 2020". Écris à présent ta lettre de candidature en respectant les étapes ci-dessous.

1. • Tu écris la date en haut à droite. • Tu t'adresses aux organisateurs. Tu ne connais pas leurs noms.	………………………, den ……………………… Sehr geehrte ……………… und ……………… !
2. Tu te présentes (ton nom, ton âge, ton école, ta classe).	Ich heiße …
3. Tu dis pourquoi tu veux y participer : • le thème t'intéresse, • tu n'habites pas à Francfort mais tu commences à bien connaître cette ville…	Ich möchte am Wettbewerb „…" teilnehmen, weil … Ich wohne nicht in Frankfurt, …
4. Tu dis : • ce qui t'intéresse plus particulièrement ; (exemple : vivre en ville, habiter, se déplacer, communiquer…), • quelle contribution tu souhaites faire.	Ich interessiere mich besonders für … Ich würde gern …
5. Tu espères pouvoir participer…	Ich hoffe, dass …
6. N'oublie pas de conclure ta lettre par la formule « standard ».	Mit freundlichen Grüßen + *Unterschrift*

In der Schule

8 → Buch, S. 141, 5 *Alex und Alex 2025,* Schritt 1

Welche Berufe haben sie?

Denk an Berufe, die du kennst … Vorsicht! Es gibt Indizien in zwei Texten!
Hier ein paar Berufe, die du vielleicht nicht kennst:

- der Arzt/die Ärztin, der Krankenpfleger/die Krankenschwester;
- der Tischler[1], der Klempner[2], der Bäcker, der Gärtner;
- der Richter[3], der Rechtsanwalt[4];
- der Ingenieur, der Techniker.

1. der Tischler: *le menuisier* – 2. der Klempner: *le plombier* – 3. der Richter: *le juge* – 4. der Rechtsanwalt: *l'avocat*

Mit wem leben sie?

- Verheiratet? alleine? Kinder?

Wie sie sind? (Charakter, Aussehen)

Charakter: nett? ruhig? freundlich?
Aussehen: groß/klein?, dünn/dick?
Ihr könnt nuancieren: sehr, nicht sehr, eher*

Wo und wie wohnen sie?

- Wo? Kleinstadt/Großstadt? Stadtteil? Seit wann?
- Wie? (Haus, Wohnung/modern …)

Was mögen sie? (Hobbys, Interessen, Engagement)

Hobbys:	Sportart präzisieren/trainieren gehen …
Kunst:	malen? zeichnen? Theater spielen? Musik?
Interessen:	Natur? Architektur? Kunst? Museum?
Engagement:	Umwelt? in der Stadt?

* eher: *plutôt*

Zu Hause

9 Buch, S. 141, Und jetzt…

Tu dois maintenant continuer une des trois histoires (A, B, C).
- *Lis attentivement le début du texte que tu as choisi. Repère le lieu, l'action, la/les personne(s).*
- *Quel temps a choisi le narrateur pour cette scène qui se joue en 2025 ? Il faut continuer avec le même temps mais tu peux faire un retour dans le passé.*
- *Reprends la fiche que tu as constituée avec ton binôme à propos des personnages. Tu peux intégrer un certain nombre d'éléments dans le récit.*

Pense à utiliser :
- *des adverbes de temps* (zuerst, dann, etwas später …) *;*
- *des groupes prépositionnels :* seit drei Jahren, vor einem Jahr … *;*
- *des conjonctions de coordination :* und, aber, denn … *;*
- *des conjonctions de subordination :* dass, weil, wenn … *;*

Et maintenant : recopie le début de l'histoire et laisse jouer ton imagination !

In der Schule

76 ***10 → Buch, S. 142, 6*** *Perfect Frankfurt 2020,* Schritt 2 *Hör dir das Interview an und notiere Stichworte.*

	heute	2020
Wo sie leben / leben möchten		

	gleich	anders
Wie sehen sie Frankfurt 2020?	– ... ... –	– ... ... – ... ...
	das Objekt	**Warum dieses Projekt?**
Was erfährst du über das Projekt?	... ...	... ...

11 ***→ Buch, S. 143, 7*** *Ein originelles Projekt,* Schritt 1 *Du gehörst zu Gruppe 1 oder 2 und liest Interview a. oder b. Du notierst dann die Informationen.*

Die Arbeitsmethode: ...

...

Die Materialien: ...

...

Die Formen: ...

...

Die Funktionen des Hauses: ...

...

Die Technik: ...

...

...

Das Publikum: ...

...

...

Schritt 2 *Im Plenum stellen Schüler der Gruppe 1 und 2 die beiden Interviews vor. Du notierst Informationen vom Interview, das du nicht gelesen hast.*
Das Projekt beurteilen: …   die Klasse kommentiert jeden Punkt.

Redemittel

Die Arbeitsmethode Die Materialien Die Formen Die Technik Die Funktionen Das Publikum	• gut/schlecht/optimal/interessant/uninteressant finden • mögen, schön finden • einverstanden sein/nicht … • dafür sein/dagegen sein • ein gute Idee sein/keine gute Idee sein • gut verstehen können/nicht … • mitmachen wollen/nicht …

Zu Hause

12 Schreibtraining

Tu dois écrire un article sur le projet des jeunes de Francfort. Tu peux te servir de l'interview que tu as entendue et des textes que la classe a étudiés. Tu dois aussi donner ton avis et dire, si tu as envie de participer à un tel projet.
Aktive Schüler planen ein Passiv-Hochhaus: Sieben Schüler einer Frankfurter Schule …

In der Schule

13 → Buch, S. 143, Und jetzt… *Beschreibe die Stadt der Zukunft, in der du leben möchtest. Was ist anders als jetzt? Was ist gleich?*

Eine Diskussion über die Stadt der Zukunft.

Folgende Punkte könnt ihr besprechen. Ihr könnt auch Zeichnungen machen und dann darüber diskutieren.
- Einwohner (Wer? Wieviel?)
- der Stadtplan (Innenstadt, Wohnviertel, Geschäftsviertel[1], Parks, Fabriken)
- Transportmittel (Autoverkehr, Straßenbahnen, Fahrräder …)
- Häuser (Einfamilienhäuser, Wohnhäuser, Hochhäuser, Wolkenkratzer, Geschäfte, Schulen, Kulturzentren …)
- Farben
- Formen
- Energie
- Lärm[2]

1. das Geschäftsviertel: *le quartier d'affaires* – 2. der Lärm: *le bruit*

GRAMMATIK

Zu Hause

***1** Regarde le calendrier et dis ce que tu vas faire demain et dans les jours à venir. Tu peux choisir des éléments dans l'encadré ci-dessous. Parfois, il existe deux possibilités.*

in einer Woche – in drei Tagen – am Sonntag – übermorgen – morgen – nächste Woche

Mittwoch, 1. Juni		
Donnerstag, 2. Juni		
Freitag, 3. Juni	*Training*	Morgen gehe ich zum Training.
Samstag, 4. Juni	*Basketball*	....
Sonntag, 5. Juni	*Fete*	....
Montag, 6. Juni	*Mathearbeit*	....
Dienstag, 7. Juni	*Schwimmbad*	....
Mittwoch, 8. Juni	*Referat*	....
Donnerstag, 9. Juni	*Deutscharbeit*	....

***2** Dis ce que tu fais au cours des prochaines semaines et mois sans utiliser la date. Tu peux choisir des éléments dans l'encadré ci-dessous.*

Mitte August – in zwei Monaten – in einer Woche – in vierzehn Tagen – Anfang August – in einem Monat

15. Juni		
22. Juni	*Schulfest*	In einer Woche ist Schulfest.
29. Juni	*Ferien*	....
15. Juli	*nach Paris!*	....
2. August	*wieder in Frankfurt*	....
16. August	*Schulanfang*	....

3 *Tu vis à Berlin et tu imagines comment sera ton avenir. Dis ce que tu vois sans utiliser les chiffres de l'année. Tu peux t'aider des éléments dans l'encadré ci-dessous.*

nächstes Jahr – in zehn Jahren – in sechs Monaten – in einem Jahr ...

Oktober 2020	*Ich studiere in Berlin.*	
März 2021	*Ich mache Examen.*	In sechs Monaten werde ich Examen machen.
Oktober 2021	*Ich gehe nach Paris.*	....
2030	*Ich arbeite in Frankfurt.*	....
2035	*Ich ziehe nach Hamburg.*	....
2045	*Ich lebe wieder in Berlin?*	....

4 *Une chose après l'autre. Ta classe souhaite participer au concours. Il faut respecter les étapes. Complète le texte avec les adverbes ci-dessous.*

später – danach – zuerst – dann

Wir müssen .... über das Projekt sprechen. .... müssen wir sagen, was für ein Haus wir bauen wollen. Erst .... können wir den Plan zeichnen. Etwas ...., vielleicht in drei Wochen, können wir unser Projekt wegschicken.

WORTSCHATZ

Zu Hause

5 *Chasse l'intrus ! Dans chaque série de mots il y a un mot en trop. Lequel ?*

a. vorgestern – gestern – heute – morgen – jetzt – übermorgen

b. der Wettbewerb – der Preis – zuhören – teilnehmen – gewinnen – mitmachen

c. planen – zeichnen – bauen – fragen

d. Glas – Aluminium – Wind – Holz – Beton

e. Sonne – Essen – Wind – Wasser – Erdöl – Gas – Wasserstoff

f. Haus – Fahrstuhl – Etage – Bahnhof – Tür – Fenster – Eingang

6 *Associe le mot à la forme.*

 ………………………………  ………………………………

 ……………………………… 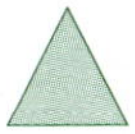 ………………………………

a. rund – **b.** quadratisch –
c. dreieckig – **d.** rechteckig

7 *Ça change tout… Avec quel(s) verbe(s) peut-on combiner les préverbes ?*

sehen machen nehmen stellen sehen hören	mit- an- teil- zu- aus-	

AUSSPRACHE MIT POESIE – d *au début ou à la fin d'un mot*

Zu Hause

77

8 *Écoute le poème.*

a. *Repère les mots qui commencent ou qui se terminent par la lettre* d.

78

b. *Écoute les mots et coche si tu entends le son* [d] *ou* [t].

	1	2	3	4	5	6	8	9
[d]	❑	❑	❑	❑	❑	❑	❑	❑
[t]	❑	❑	❑	❑	❑	❑	❑	❑

78

c. *Réécoute l'enregistrement et écris les mots. Tu peux vérifier en relisant le poème, p.144 du manuel.*

d. *Maintenant, apprends le poème par cœur en t'aidant de l'enregistrement.*

Le groupe nominal

1. Les fonctions du groupe nominal

Un groupe nominal (GN) peut avoir différentes fonctions dans une phrase. Pour exprimer ces différentes fonctions, l'allemand utilise quatre « cas » :

- Le **nominatif** est le cas du sujet et de l'attribut du sujet.
- L'**accusatif** (qui se rapproche en français du COD) est exigé par un grand nombre de verbes (**machen, sehen, fragen**) ou de prépositions (toujours avec **für, gegen ...** lors d'un directif avec **in, auf ...**).
- Le **datif** (qui se rapproche en français du COI/COS) est exigé avec certains verbes comme **helfen, danken** et après certaines prépositions (toujours avec **mit, zu, nach ...**, lors d'un locatif avec **in, auf ...**).
- Le **génitif** est le cas du complément du nom et permet d'exprimer l'appartenance.

2. Le nom

a. Le genre

Un nom peut être masculin, féminin ou neutre.
C'est le déterminant qui porte la marque du genre et du nombre :

le **masculin**	de**r** Hund
le **neutre**	da**s** Pferd
le **féminin**	di**e** Katze

→ Il faut apprendre systématiquement un nom avec son déterminant pour éviter des erreurs.

b. Le nombre

Au pluriel défini, le déterminant est le même pour les trois genres. Le nom porte une marque, par exemple **-e**, ou **en**.

die Hund**e** – die Pferd**e** – die Katz**en**

c. Les noms composés

Les noms composés sont très courants en allemand. C'est le dernier mot qui détermine le genre et le nombre du nom entier, le ou les mots qui précèdent apportent une précision.

der Familienname	le nom de famille
das Jugendhaus	la maison des jeunes
das Schulbuch	le manuel scolaire
die Telefonnummer	le numéro de téléphone

3. Les déterminants

Un déterminant s'accorde avec le nom qu'il accompagne : il change de marque selon le genre et le nombre de ce nom, et aussi selon le cas, c'est-à-dire selon la fonction de ce nom dans la phrase, on dit qu'il se « décline ».

Le déterminant peut être :

a. l'article défini : der, das, die – die

	masculin	neutre	féminin	pluriel
nominatif	der Hund	das Kaninchen	die Katze	die Hunde
accusatif	den Hund	das Kaninchen	die Katze	die Hunde
datif	dem Hund	dem Kaninchen	der Katze	den Hunden

b. l'article indéfini : ein, ein, eine – Ø

	masculin	neutre	féminin	pluriel
nominatif	ein Hund	ein Kaninchen	eine Katze	Hunde
accusatif	einen Hund	ein Kaninchen	eine Katze	Hunde
datif	einem Hund	einem Kaninchen	einer Katze	Hunden

c. l'adjectif possessif : mein-, dein-, sein-, ihr-

Pronom	Adjectif possessif
ich →	mein-
du →	dein-
er/es →	sein-
sie →	ihr-
wir →	unser-
ihr →	euer-/eur-
sie →	ihr-
Sie →	Ihr

Les adjectifs possessifs se déclinent au singulier comme l'article indéfini **ein-**. Ils permettent d'indiquer l'appartenance.

	masculin	neutre	féminin	pluriel
nominatif	mein Hund	mein Kaninchen	meine Katze	meine Hunde
accusatif	meinen Hund	mein Kaninchen	meine Katze	meine Hunde
datif	meinem Hund	meinem Kaninchen	meinerKatze	meinen Hunden

„Ich habe einen Bruder und eine Schwester, **mein** Bruder heißt Tom und **meine** Schwester Lea."
„Leon, wie heißt **deine** Schwester?"

→ **À la 3e personne du singulier, il existe deux adjectifs possessifs : sein- et ihr-.**

sein- fait référence à un possesseur masculin ou neutre, **ihr-** à un possesseur féminin.

Alexander hat zwei Geschwister. **Sein** Bruder heißt Leon und **seine** Schwester Sibylle.
Sandra hat zwei Tiere: **Ihr** Hamster heißt Chip, **ihre** Katze heißt Josefine.

Tu peux comparer avec l'anglais : **his** brother / **her** cat.

→ **L'appartenance peut s'exprimer encore de deux autres façons :**

– avec la préposition **von** : Der Bruder **von** Alexander heißt Leon.
Leonie ist die Freundin **von** Hannes.

– avec le **génitif saxon** (marque **-s** ou simple apostrophe pour les noms déjà terminés par un **-s**) :
Alexanders Bruder heißt Leon.
Leonie ist Hannes' Freundin.

4. Les pronoms personnels : on peut remplacer les noms par des pronoms, par exemple pour éviter des répétitions lorsque le contexte est connu.

	Singulier					**Pluriel**			**Forme de politesse**
	1re pers.	2e pers.	3e pers. masculin	3e pers. neutre	3e pers. féminin	1re pers.	2e pers.	3e pers.	
nominatif	ich	du	er	es	sie	wir	ihr	sie	Sie
accusatif	mich	dich	ihn	es	sie	uns	euch	sie	Sie
datif	mir	dir	ihm	ihm	ihr	uns	euch	ihnen	Ihnen

Ich habe **einen Hamster**. **Er** heißt Lotti. Ich habe **ihn** gern.

Ich habe **ein Pferd**. **Es** heißt Prinz Paro. Ich liebe **es**.

Ich habe **eine Katze, Lola**. **Sie** ist 2 Jahre alt. Ich finde **sie** lieb.

Wir haben zwei **Kaninchen**. **Sie** heißen Chip und Chap. Ich finde **sie** sehr schön.

5. Les pronoms réfléchis à l'accusatif

Les formes des pronoms réfléchis sont identiques à celles des pronoms personnels à l'accusatif, sauf pour la 3e personne (singulier et pluriel). Un certain nombre de verbes qui sont pronominaux en français le sont aussi en allemand. Il convient cependant de le vérifier dans un dictionnaire le cas échéant.

Ich muss **mich** konzentrieren.

	1re personne SING.	PLUR.	2e personne SING.	PLUR.	3e personne SING.	PLUR.
accusatif	mich	uns	dich	euch	sich	sich

6. Les adjectifs : qualifier un groupe nominal

a. L'adjectif attribut est toujours invariable.

Meine Katze ist **süß**.
Meine Katzen sind **süß**.

b. L'adjectif épithète est toujours placé avant le nom qu'il qualifie. Il porte la marque en cas d'absence de déterminant ou lorsque celui-ci ne peut recevoir la marque. Dans les autres cas, il porte la désinence **e** ou **en**.

Der kleine Hund? Das ist Svens Hund!
Ein brauner Hund? Das ist Marias Hund!

Ich mag den roten Teppich.
Er hat einen roten Teppich.

	masculin	neutre	féminin	pluriel
nominatif	der kleine Hund ein kleiner Hund	das kleine Tier ein kleines Tier	die graue Katze eine graue Katze	die kleinen Hunde kleine Hunde
accusatif	den kleinen Hund einen kleinen Hund	das kleine Tier ein kleines Tier	die graue Katze eine graue Katze	die kleinen Hunde kleine Hunde

c. La comparaison de l'adjectif

Dieses Bild finde ich schön**er**.
Ich finde Rockmusik **besser als** Rhythm and Blues.
Dieser Wolkenkratzer ist **am höchsten**.
Er hat das schnell**ste** Auto.

forme de base	comparatif de supériorité	superlatif	
schön	schön**er**	der, das, die schön**st-**	am schön**sten**
alt	**älter**	der, das, die ält**est-**	am **ält**e**sten**
lang	l**ä**ng**er**	der, das, die läng**st-**	am l**ä**ng**sten**
groß	gr**ö**ß**er**	der, das, die grö**ßt-**	am gr**ößten**
hoch	h**ö**h**er**	der, das, die höch**st-**	am h**ö**ch**sten**
gut	**besser**	der, das, die **best-**	am **besten**
viel	**mehr**	die **meisten**	am **meisten**

Le groupe verbal

1. Les différents types de verbes au présent de l'indicatif

a. Le verbe sein et le verbe haben

„Wie alt **bist** du?" „Ich **bin** 12."
„Was für ein Tier **hast** du?" „Ich **habe** eine Katze."

	sein	**haben**
ich	bin	hab**e**
du	bist	ha**st**
er, es, sie	ist	ha**t**
wir	sind	hab**en**
ihr	seid	hab**t**
sie/Sie	sind	hab**en**

b. Les verbes faibles

	wohnen
ich	wohn**e**
du	wohn**st**
er, es, sie	wohn**t**
wir	wohn**en**
ihr	wohn**t**
sie/Sie	wohn**en**

c. Les verbes forts avec changement de voyelle

	fahren	**helfen**	**lesen**
ich	fahr**e**	helf**e**	les**e**
du	**fä**hr**st**	h**i**lf**st**	**lie**s**t**
er, es, sie	**fä**hr**t**	h**i**lf**t**	**lie**s**t**
wir	fahr**en**	helf**en**	les**en**
ihr	fahr**t**	helf**t**	les**t**
sie/Sie	fahr**en**	helf**en**	les**en**

marques
e
st
t
en
t
en

d. Les verbes à préverbe séparable

Certains verbes sont formés d'une base verbale et d'un préverbe séparable. Le préverbe est toujours accentué. Le préverbe séparable modifie le sens du verbe de base.

aufstehen → Ich stehe um 7 Uhr **auf.** / Ich bin **auf**gestanden.
fernsehen → Er sieht **fern**. / Er hat **fern**gesehen.

e. Les verbes à préverbe inséparable

Certains verbes ont un préverbe inséparable. Le préverbe n'est jamais accentué et reste toujours attaché au verbe de base. Le participe II se forme sans l'augment **ge-**. Le préverbe inséparable modifie ou change le sens du verbe de base.

> bekommen → Wer bekommt den ersten Preis? / Ich habe den ersten Preis bekommen.

f. Les verbes de modalité

Dire… ce que l'on aime avec le verbe **mögen**.
ce que l'on veut faire avec le verbe **wollen**.
ce que l'on est obligé de faire avec le verbe **müssen**.
ce que l'on nous demande de faire avec le verbe **sollen**.
ce que l'on peut faire ou que l'on est capable de faire avec le verbe **können**.
ce que l'on a le droit de faire avec le verbe **dürfen**.

	mögen	**wollen**	**müssen**	**sollen**	**können**	**dürfen**
ich	ma**g**	will	muss	soll	kann	darf
du	ma**gst**	will**st**	muss**t**	soll**st**	kann**st**	darf**st**
er, es, sie	ma**g**	will	muss	soll	kann	darf
wir	mög**en**	woll**en**	müssen	soll**en**	könn**en**	dürf**en**
ihr	mög**t**	woll**t**	müss**t**	soll**t**	könn**t**	dürf**t**
sie/Sie	mög**en**	woll**en**	müssen	soll**en**	könn**en**	dürf**en**

marques
–
st
–
en
t
en

> Ich **mag** Tennis. Ich **kann** schon gut spielen.
> Ich **will** morgen mit David spielen. Ich **muss** um 4 Uhr bei ihm sein.
> Mein Trainer sagt, ich **soll** am Freitag zum Training kommen.
> Ich **darf** im Sommer zum Trainingscamp. Das ist toll.

→ Exprimer un souhait avec möchte

La forme verbale **möchte** correspond au subjonctif II du verbe **mögen** et permet d'exprimer un souhait, un désir.

> Ich **möchte** Fußball spielen.
> **Möchtest** du Cola oder Apfelsaft?

ich	möcht**e**
du	möcht**est**
er, es, sie	möcht**e**
wir	möcht**en**
ihr	möcht**et**
sie/Sie	möcht**en**

2. Le parfait et le prétérit : raconter un événement passé

a. Le parfait

Le parfait est un temps composé. Il se forme avec l'auxiliaire **haben** ou l'auxiliaire **sein** conjugué au présent et le participe II du verbe qui correspond en français au participe passé.

Ich **bin** ins Kino **gegangen**.
Wir **haben** eine Radtour **gemacht**.

- **Le choix de l'auxiliaire**

On utilise l'auxiliaire **sein** avec :

– sein, werden et bleiben :

Wir **sind** drei Wochen in England **gewesen**.
Sie **ist** 14 **geworden**.
Er **ist** zwei Wochen in Spanien **geblieben**.

– les verbes intransitifs exprimant un changement de lieu, d'état ou de position :

Wir **sind** nach Dresden **gefahren**.
Ich **bin** spät **eingeschlafen**.
Er **ist** um 7 Uhr **aufgestanden**.

On utilise l'auxiliaire **haben** avec tous les autres verbes.

Wir **haben** Eis **gegessen**.

- **La formation du participe II**

1. Le participe II des verbes faibles se termine toujours par **-t**.

   ge + (radical) + **-t**

   Wir haben einen Ausflug **ge**mach**t**.

2. Le participe II des verbes forts se termine toujours par **-en**.

   ge + (radical parfois modifié) + **-en**

   Frau Buschmann hat uns **ge hol fen**.

3. Les verbes non accentués sur la première syllabe ne prennent pas **-ge**.

   (radical parfois modifié) + **-t** ou **-en**

   Wir haben ein Museum besichtig**t**.

b. Le prétérit

Le prétérit est un temps simple. Il est utilisé à l'oral pour les auxiliaires et les verbes de modalité. Autrement, le prétérit appartient la plupart du temps au registre de l'écrit.

„Wo warst du in den Ferien?" „Ich war in Italien. Wir hatten schönes Wetter."
Die Dinosaurier lebten vor vielen Millionen Jahren.

	auxiliaires de temps		**verbe faible**
	sein	**haben**	**leben**
ich	war	hat**t**e	leb**t**e
du	war**st**	hat**t**est	leb**t**est
er, es, sie	war	hat**t**e	leb**t**e
wir	war**en**	hat**t**en	leb**t**en
ihr	war**t**	hat**t**et	leb**t**et
sie/Sie	war**en**	hat**t**en	leb**t**en

c. Le futur

Le futur en allemand est un temps composé. L'auxiliaire du futur est le verbe **werden** qui a comme complément un **infinitif**. Il est cependant fréquent d'exprimer le futur par un complément circonstanciel de temps tout en utilisant le présent de l'indicatif.

Ich **werde** in Wien **arbeiten**.
Nächste Woche fahre ich an die Ostsee.

<table>
<tr><td>ich</td><td>werde</td><td rowspan="6">… in Berlin wohnen</td></tr>
<tr><td>du</td><td>wirst</td></tr>
<tr><td>er, es, sie</td><td>wird</td></tr>
<tr><td>wir</td><td>werden</td></tr>
<tr><td>ihr</td><td>werdet</td></tr>
<tr><td>sie/Sie</td><td>werden</td></tr>
</table>

3. Les différents types de phrase

a. Les déclaratives : Le verbe conjugué occupe toujours la 2e place.

Ich	habe	um 9	Mathe.
sujet	verbe conjugué	complément	complément

Pour mettre un élément en relief, on le place en tête de phrase. Il ne peut y avoir qu'un seul élément (même composé de plusieurs mots) à cette place. La première place étant occupée, le verbe conjugué étant obligatoirement en 2e place, le sujet se place alors après le verbe.

Um 9	habe	ich	Mathe.
complément	verbe conjugué	sujet	complément

b. Les interrogatives : Le verbe occupe la première ou la deuxième place.

Il existe deux types d'interrogatives :

- Dans l'interrogative partielle, la question porte sur une partie de l'énoncé. Elle est introduite par un pronom interrogatif.

Wer [ist] das?

Wie [heißt] du?

Wie alt [bist] du?

Wo [wohnst] du?

Wann [kommt] er?

→ Le verbe occupe la 2e place.

- Dans l'interrogative globale, la question porte sur l'énoncé entier. On y répond par Ja ou Nein.

[Hast] du Geschwister?

[Wohnt] sie auch in Göttingen?

→ Le verbe occupe la 1re place.

c. Les subordonnées : le verbe conjugué occupe la dernière place.

- La subordonnée est séparée de la principale par une virgule.

Ich finde, **dass** Umweltschutz wichtig [ist].
Je trouve que…

Ich bin traurig, **weil** Papa in Wien [wohnt].
Je suis triste parce que…

Sie weiß nicht, **ob** Alex [kommt].
Elle ne sait pas si…

Ich mag nicht, **wenn** jemand [lügt].
Je n'aime pas quand quelqu'un ment.

- La subordonnée relative permet d'apporter une précision sur un élément de la phrase principale. Le pronom relatif s'accorde en nombre et en genre avec son antécédent. Dans l'exemple ci-dessous, le pronom relatif est le sujet du verbe de la subordonnée.

  Ich lese einen Roman, **der** in Paris spielt.

	masculin	neutre	féminin	pluriel
nominatif	der	das	die	die

d. Les injonctives : le verbe occupe la première place.

- Impératif 2e personne du singulier : Komm!

  → **Attention :** les verbes forts en **-e-** prennent **i** ou **ie** à la 2e personne du singulier.

  Gib mir deine Adresse!
  Sieh gut zu!

  mais les verbes forts en **-a-** ne modifient pas leur voyelle :

  Schl**a**f gut!

- Impératif 2e personne du pluriel : Kommt!

  Schlaft gut!
  Gebt mir eure Adresse!

4. La coordination

Les conjonctions de coordination permettent de relier deux éléments. Elles n'ont aucune incidence sur la place des éléments.

a. La conjonction de coordination **und** permet de relier deux idées :

Am Montagnachmittag habe ich Fußball, **und** am Abend habe ich Klavier.

b. La conjonction de coordination **aber** exprime une opposition par rapport à ce qui a été dit :

Er möchte zum Eishockey, **aber** er kann nicht.

c. La conjonction de coordination **denn** établit un lien de cause :

Meine Großeltern haben viel Zeit für mich, **denn** sie sind Rentner.

d. La conjonction de coordination **oder** permet d'exprimer une alternative :

Wir gehen zum Skatepark **oder** wir spielen Fußball.

5. la négation : dire ce que l'on n'a pas ou ce que l'on n'aime pas.

a. La négation avec le déterminant kein

Elle sert à nier un groupe nominal.
Kein- est un déterminant, il se place avant le nom et s'accorde selon le genre, le nombre et le cas du nom qu'il accompagne.

Ich habe **kein** Haustier.
Ich habe **keine** Geschwister.

Kein se décline comme **ein**, mais il a aussi une forme de pluriel.

	masculin	neutre	féminin	pluriel
nominatif	kein Hund	kein Haustier	kein**e** Katze	kein**e** Hunde
accusatif	kein**en** Hund	kein Haustier	kein**e** Katze	kein**e** Hunde

b. La négation avec nicht

Elle sert à nier un groupe verbal.

Cette négation se place
- avant un groupe prépositionnel : Sie geht **nicht** zum Training.
- avant un adjectif attribut ou un adverbe : Er schläft **nicht** gut.
- après un groupe nominal défini : Er mag diese Rockgruppe **nicht**.

Le groupe prépositionnel

1. Dire où l'on est

On utilise le locatif.

a. avec un nom de pays ou de ville sans article : **in**

Ich wohne **in** Frankfurt.
Er lebt **in** Österreich.

b. avec un nom de pays ou un nom commun avec article : **préposition + datif**

Wir feiern **im** Garten.
Ich wohne **in** eine**m** Haus.
Wir wohnen **in** de**r** Schweiz.
Sie wohnt **in** eine**r** Wohnung

masculin + neutre	féminin
in … **m** **in** de**m/im**	**in** … **r**

c. avec un nom de personne : **bei + datif**

Am Mittwoch bin ich **bei** meine**r** Oma.
Er ist **bei** seinen Großeltern.

masculin + neutre	féminin	pluriel
bei … **m** bei de**m** … / be**im**	**bei** … **r**	**bei** … **n** … n

d. Une tournure idiomatique : zu Hause

Ich bin schon **zu Hause**.

2. Dire où l'on va

On utilise le directif.

a. avec un nom de pays ou de ville sans article : **nach**

Wir fahren **nach** Dresden.
Wir sind **nach** Ägypten gefahren.
Ich gehe **nach** Hause.

b. avec une personne, un lieu : **zu + datif**

Ich gehe **zu** meine**r** Freundin.
Ich gehe **zum** Bäcker.
Ich gehe **zur** Post.

masculin + neutre	féminin	pluriel
zu … **m** **zu dem / zum**	**zu** … **r** zu de**r** / **zur**	**zu** … **n** … n

c. avec un nom de pays ou un nom commun avec article : **préposition + accusatif**

Ich gehe **in** de**n** Physikraum.
Wir gehen **ins** Schwimmbad.
Ich gehe **in** di**e** Schule.
Ich fahre **in** di**e** Schweiz.

masculin	neutre	féminin	pluriel
in den	**in** das	**in** die	**in** die
…			
zu dem / zum	**ins**		

3. Dire d'où l'on vient

a. Pour indiquer de quelle ville, de quel pays, de quelle région on vient : aus + datif

Ich komme **aus** Berlin / **aus** Österreich / **aus** Bayern.

b. Pour indiquer son itinéraire : von + datif

Ich komme **von** Berlin / **vom** Bahnhof / **von** der Schule.

4. Parler de la date, de l'heure, de la saison :

Le complément de temps est introduit par am, im, um ou zu.

a. date ou jour : **an + datif (am)** — Ich habe **am** 5. Januar Geburtstag.
b. mois ou saison : **in + datif (im)** — Ich habe **im** Winter Geburtstag.
c. horaire : **um** — **Um** 4 Uhr habe ich Mathe.
d. fête : **zu + datif** — **Zu** Weihnachten kommt er nach Paris.

5. Dire avec qui on fait quelque chose : mit + datif

Ich spreche **mit** meine**m** Bruder.
Ich gehe **mit** meine**r** Klasse ins Museum.

masculin / neutre	féminin	pluriel
mit … **m** …	**mit** … **r** …	**mit** … **n** … n

I. Liste de verbes faibles irréguliers

infinitif	prétérit	parfait	sens
brennen	brannte	hat … gebrannt	brûler
bringen	brachte	hat … gebracht	apporter
denken	dachte	hat … gedacht	penser
kennen	kannte	hat … gekannt	connaître
nennen	nannte	hat … genannt	nommer
rennen	rannte	ist … gerannt	courir

II. Liste de verbes forts (par série apophonique)

infinitif	présent	prétérit	parfait	sens courant
	3e personne singulier (er, sie, es …)			
en **a**				
ein/laden	lädt … ein	lud … ein	hat … eingeladen	inviter
fahren	fährt	fuhr	ist … gefahren	aller (véhicule)
tragen	trägt	trug	hat … getragen	porter
schlagen	schlägt	schlug	hat … geschlagen	battre
wachsen	wächst	wuchs	ist … gewachsen	croître, grandir
fallen	fällt	fiel	ist … gefallen	tomber
halten	hält	hielt	hat … gehalten	tenir
lassen	lässt	ließ	hat … gelassen	laisser
schlafen	schläft	schlief	hat … geschlafen	dormir
fangen	fängt	fing	hat … gefangen	attraper
en **au**				
laufen	läuft	lief	ist … gelaufen	courir
en **e**				
lesen	liest	las	hat … gelesen	lire
sehen	sieht	sah	hat … gesehen	voir
essen	isst	aß	hat … gegessen	manger
fressen	frisst	fraß	hat … gefressen	manger (animaux)
geben	gibt	gab	hat … gegeben	donner
vergessen	vergisst	vergaß	hat … vergessen	oublier
brechen	bricht	brach	hat … gebrochen	briser, rompre

nehmen	nimmt	nahm	hat … genommen	prendre
sprechen	spricht	sprach	hat … gesprochen	parler
treffen	trifft	traf	hat … getroffen	rencontrer
helfen	hilft	half	hat … geholfen	aider
werfen	wirft	warf	hat … geworfen	jeter
empfehlen	empfiehlt	empfahl	hat … empfohlen	recommander
gehen	geht	ging	ist … gegangen	aller
stehen	steht	stand	hat/ist … gestanden	être debout, se trouver
en **i**				
finden	findet	fand	hat … gefunden	trouver
trinken	trinkt	trank	hat … getrunken	boire
verschwinden	verschwindet	verschwand	ist … verschwunden	disparaître
gewinnen	gewinnt	gewann	hat … gewonnen	gagner
schwimmen	schwimmt	schwamm	ist … geschwommen	nager
sitzen	sitzt	saß	hat/ist … gesessen	être assis
en **ie**				
schießen	schießt	schoss	hat … geschossen	tirer (ballon, fusil)
schließen	schließt	schloss	hat … geschlossen	fermer
genießen	genießt	genoss	hat … genossen	profiter, apprécier
biegen	biegt	bog	hat … gebogen	tordre, courber
bieten	bietet	bot	hat … geboten	offrir
fliegen	fliegt	flog	ist … geflogen	voler (avion)
ziehen	zieht	zog	hat … gezogen	tirer
liegen	liegt	lag	hat/ist … gelegen	être couché, se trouver
en **ei**				
bleiben	bleibt	blieb	ist … geblieben	rester
entscheiden	entscheidet	entschied	hat … entschieden	décider
schreiben	schreibt	schrieb	hat … geschrieben	écrire
steigen	steigt	stieg	ist … gestiegen	monter
gleichen	gleicht	glich	hat … geglichen	ressembler
greifen	greift	griff	hat … gegriffen	saisir
reiten	reitet	ritt	ist … geritten	monter à cheval
streiten, sich	streitet sich	stritt sich	hat sich … gestritten	se disputer

heißen	heißt	hieß	hat … geheißen	s'appeler
en **o**				
kommen	kommt	kam	ist … gekommen	venir
en **u**				
rufen tun	ruft tut	rief tat	hat … gerufen hat … getan	appeler faire

III. Liste de verbes forts (par ordre alphabétique)

infinitif	présent	prétérit	parfait	sens courant
	3e personne singulier (er, sie, es …)			
an/fangen	fängt an	fing an	hat … angefangen	commencer
an/rufen	ruft an	rief an	hat … angerufen	appeler (télé-phone)
an/ziehen	zieht an	zog an	hat … angezogen	mettre (un vête-ment)
auf/fallen	fällt auf	fiel auf	ist … aufgefallen	attirer l'attention/ frapper l'imagination
aus/steigen	steigt aus	stieg aus	ist … ausgestiegen	descendre (voi-ture, train…)
befinden, sich	befindet sich	befand sich	hat sich … befunden	se trouver
beschließen	beschließt	beschloss	hat … beschlossen	décider
bewerben, sich	bewirbt sich	bewarb sich	hat sich … beworben	se porter candidat
biegen	biegt	bog	hat … gebogen	tordre, courber
bieten	bietet	bot	hat … geboten	offrir
bleiben	bleibt	blieb	ist … geblieben	rester
brechen	bricht	brach	hat … gebrochen	briser, rompre
ein/laden	lädt … ein	lud … ein	hat … eingeladen	inviter
empfehlen	empfiehlt	empfahl	hat … empfohlen	recommander
entscheiden	entscheidet	entschied	hat … entschieden	décider
erfahren	erfährt	erfuhr	hat … erfahren	apprendre (une information)
erfinden	erfindet	erfand	hat … erfunden	inventer
ergreifen	ergreift	ergriff	hat … ergriffen	saisir
erhalten	erhält	erhielt	hat … erhalten	recevoir
essen	isst	aß	hat … gegessen	manger
fahren	fährt	fuhr	ist … gefahren	aller (véhicule)
fallen	fällt	fiel	ist … gefallen	tomber
fangen	fängt	fing	hat … gefangen	attraper
finden	findet	fand	hat … gefunden	trouver

fliegen	fliegt	flog	ist … geflogen	voler (avion)
fressen	frisst	fraß	hat … gefressen	manger (pour les animaux)
geben	gibt	gab	hat … gegeben	donner
gefallen	gefällt	gefiel	hat … gefallen	plaire
gehen	geht	ging	ist … gegangen	aller
genießen	genießt	genoss	hat … genossen	profiter, apprécier
gewinnen	gewinnt	gewann	hat … gewonnen	gagner
gleichen	gleicht	glich	hat … geglichen	ressembler
greifen	greift	griff	hat … gegriffen	saisir
halten	hält	hielt	hat … gehalten	tenir
heißen	heißt	hieß	hat … geheißen	s'appeler
helfen	hilft	half	hat … geholfen	aider
kommen	kommt	kam	ist … gekommen	venir
lassen	lässt	ließ	hat … gelassen	laisser
laufen	läuft	lief	ist … gelaufen	courir
lesen	liest	las	hat … gelesen	lire
liegen	liegt	lag	hat/ist … gelegen	être couché, se trouver
nehmen	nimmt	nahm	hat … genommen	prendre
reiten	reitet	ritt	ist … geritten	monter à cheval
rufen	ruft	rief	hat … gerufen	appeler
schießen	schießt	schoss	hat … geschossen	tirer (ballon, fusil)
schlafen	schläft	schlief	hat … geschlafen	dormir
schlagen	schlägt	schlug	hat … geschlagen	battre
schließen	schließt	schloss	hat … geschlossen	fermer
schreiben	schreibt	schrieb	hat … geschrieben	écrire
schwimmen	schwimmt	schwamm	ist … geschwommen	nager
sehen	sieht	sah	hat … gesehen	voir
sitzen	sitzt	saß	hat/ist … gesessen	être assis
sprechen	spricht	sprach	hat … gesprochen	parler
stehen	steht	stand	hat/ist … gestanden	être debout, se trouver
steigen	steigt	stieg	ist … gestiegen	monter
streiten, sich	streitet	stritt	hat sich … gestritten	se disputer
tragen	trägt	trug	hat … getragen	porter
treffen	trifft	traf	hat … getroffen	rencontrer
trinken	trinkt	trank	hat … getrunken	boire
tun	tut	tat	hat … getan	faire
um/ziehen	zieht um	zog um	ist … umgezogen	déménager
um/ziehen, sich	zieht sich um	zog sich um	hat sich … umgezogen	se changer
unterhalten, sich	unterhält sich	unterhielt sich	hat sich … unterhalten	parler, échanger
vergessen	vergisst	vergaß	hat … vergessen	oublier

verlassen	verlässt	verließ	hat … verlassen	quitter
verschwinden	verschwindet	verschwand	ist … verschwunden	disparaître
versprechen	verspricht	versprach	hat … versprochen	promettre
vertragen, sich	verträgt sich	vertrug sich	hat sich … vertragen	(bien) s'entendre
vor/schlagen	schlägt vor	schlug vor	hat … vorgeschlagen	proposer
wachsen	wächst	wuchs	ist … gewachsen	croître, grandir
werfen	wirft	warf	hat … geworfen	jeter
ziehen	zieht	zog	hat … gezogen	tirer

Hörtexte | Transcriptions

piste 4 – Vincent, du musst deine Hausaufgaben regelmäßiger machen.
– Anna, melde dich bitte, wenn du etwas zu sagen hast!
– Leo, das ist doch kein Heft! Sei bitte ordentlicher!
– Timo, pass auf und konzentriere dich bitte auf den Unterricht!
– Lisa, hör auf mit deiner Nachbarin zu reden.

piste 6 Bahn – kann – zehn – Fenster – nimmt – ihm – Sohn – Sonne – Mutter – Schule

piste 8 Wecker – Ferien – nehmen – treffen – gehen – melden – lernen

piste 10 Stadt – Hafen – Berg – Plan – Flug – Rat – Römer

piste 14 a. 1492 / b. 1961 / c. 1999 / d. 2011 / e. 2003

piste 17 Hund – ein – und – Ohren – hat – Herrn – in – hinter – um – her

piste 20 a. Welcher Fluss fließt durch Wien? / b. Wie viele Einwohner hat Österreich? / c. Was ist die zweitgrößte Stadt Österreichs? / d. Wie viele Nachbarländer hat Österreich?

piste 21 a. Oh, Mann, ich hab mich so gefreut! / b. Die gibt sich so eine Mühe, echt! / c. Die Situation in der Schule ist mehr als kompliziert. / d. Was meinst du, Lisa? / e. Die Herbstferien haben gerade angefangen. / f. Wird er sich über meine Karte freuen?

piste 22 a. besichtigen / b. erklären / c. orientieren / d. machen / e. aufstehen / f. beraten / g. essen / h. trainieren / i. erzählen / j. planen

piste 25 Graz – Walzer – singen – Linzer – sanfte – tanzen – leise – dazu – Salzburger

piste 27 Hast du deine Hausaufgaben gemacht? / Die Hausaufgaben sind viel zu schwer. / Kann ich dich sprechen? / Du bist echt gemein! / Komm, reg dich nicht auf!

piste 33 mich – wieder – nie – siehst – ich – nimmermehr – mir – bitt – dich – flieg

piste 37 Er macht das Radio an. / Sie legt eine CD ein. / Sie setzt Kopfhörer auf. / Sie hören Musik mit dem MP3-Player. / Er singt mit.

piste 38 1. Lisa rennt zur Post. / 2. He, danke für deine Karte! / 3. Leute, aufgepasst! / 4. Ja, was mache ich jetzt? / 5. Wer wird gewinnen? / 6. Man muss singen und tanzen können.

piste 41 Chor – Hornisse – so – vor – kommt

piste 43 aufpassen – einkaufen – übernehmen – aufräumen – raustragen – Staub saugen – ausräumen – spazieren gehen

piste 47 Wut – Ludwig – Pullmann – Rudi – unter

piste 53 Möwe – Wüste – König – brüllen – Löwe

piste 59 dich – lachen – nicht – wachen

piste 64 hab – mag – ob – Tag

piste 66 Also, in meinem Zimmer habe ich einen Computer. Ich gehe oft ins Internet und chatte mit Freunden. Mein Computer ist aber ziemlich alt und meine Webcam ist kaputt. Zum Geburtstag habe ich mir ein Laptop gewünscht, aber meine Eltern sagen, das ist zu teuer. Schade! Ich habe kein Handy, ich brauche ja sowieso keins.

piste 69 Tag – ja – mal – dann – das – mag

piste 74 ich – Eis – mir – dich – kein – dir – weiß – weil – mit – Kino – ins – ein

piste 78 die – wird – doch – dies – dann – niemand – denn – denken

Achevé d'imprimer en avril 2009 par Rotolito Lombarda
Dépôt légal : 6356/01